**DUDEN-
Schülerhilfen**
Bruchgleichungen und
Bruchungleichungen

DUDEN-Schülerhilfen

DEUTSCH

Lesespiele
(ab 3. Schuljahr)

Rechtschreibung 1
(2. und 3. Schuljahr)

Rechtschreibung 2
(3. und 4. Schuljahr)

Rechtschreibung 3
(4. und 5. Schuljahr)

MATHEMATIK

Größen und Maße
(ab 5. Schuljahr)

Gleichungen und Ungleichungen 1
(5. und 6. Schuljahr)

Dezimalbrüche
(6. Schuljahr)

Brüche
(6. und 7. Schuljahr)

Dreisatz und Prozente
(6. bis 8. Schuljahr)

**Bruchgleichungen
und Bruchungleichungen**
(8. Schuljahr)

Textgleichungen 1
(8. Schuljahr)

Textgleichungen 2
(9. Schuljahr)

**Quadratische Gleichungen
und Ungleichungen**
(9. Schuljahr)

Weitere Bände sind in Vorbereitung.

DUDEN-Schülerhilfen

Bruchgleichungen und Bruchungleichungen
8. Schuljahr

von Hans Borucki
mit Illustrationen von Hans Ibelshäuser

DUDENVERLAG
Mannheim/Wien/Zürich

CIP-Kurztitelaufnahme der Deutschen Bibliothek
Duden-Schülerhilfen
Mannheim; Wien; Zürich: Duden-Verl.
Mathematik / von Hans Borucki
Bruchgleichungen und Bruchungleichungen:
8. Schuljahr. – 1987.
ISBN 3-411-02614-6
NE: Borucki, Hans [Mitverf.]

Das Wort DUDEN ist für
Bücher aller Art für den Verlag
Bibliographisches Institut & F. A. Brockhaus AG
als Warenzeichen geschützt.

Alle Rechte vorbehalten. Nachdruck, auch auszugsweise, verboten.
© Bibliographisches Institut &
F. A. Brockhaus AG, Mannheim, 1987
Satz: Universitätsdruckerei H. Stürtz AG, Würzburg.
Druck und Bindung: westermann druck, Braunschweig.
Printed in Germany.
ISBN 3-411-02614-6

Liebe Schülerinnen, liebe Schüler, –

jeder von Euch weiß es: Bruchgleichungen und Bruchungleichungen sind eine teuflische Sache.
Selbst die mathematische Spitzengruppe der Klasse hat dabei hin und wieder Schwierigkeiten.
Das Mittelfeld gerät ins Schwitzen und wurstelt sich mehr schlecht als recht durch dieses Teilgebiet der Mathematik, ohne je festen Boden unter die Füße zu bekommen.
Und die Nachhut hat überhaupt keine Chance.
Woran mag das wohl liegen?
Ganz sicher daran, daß der Umgang mit Bruchtermen, also das Erweitern, das Kürzen, das Multiplizieren, das Dividieren, das Addieren und das Subtrahieren von Bruchtermen nicht hinreichend beherrscht wird.
Deshalb ist der erste Abschnitt dieses Bandes der Duden-Schülerhilfen ausschließlich den Bruchtermen gewidmet. Und nur wer den Zwischentest auf S. 49 mit Erfolg hinter sich gebracht hat, der kann sich auch zutrauen, das heikle Gebiet der Bruchgleichungen und Bruchungleichungen mit Aussicht auf Erfolg zu betreten.
Es ist eine alte Erfahrung, die gerade heute wieder neu entdeckt wird, daß sich der Erfolg in der Mathematik bei den meisten Schülern erst dann einstellt, wenn sie den neuen Stoff anhand zahlreicher Aufgaben eingeübt haben.
Dieser Erfahrung trägt dieser Band durch seine zahlreichen Übungsaufgaben Rechnung. Ihre Lösungen findet Ihr auf den Seiten 84–96. Ich hoffe, daß Ihr diese Seiten immer erst dann aufschlagt, wenn Ihr die betreffende Aufgabe vollständig durchgerechnet habt. Und ich wünsche Euch, daß Eure Lösungen stets, oder zumindest doch in den meisten Fällen, mit dem im Lösungsteil angegebenen Ergebnissen übereinstimmen.

Mellrichstadt, im Sommer 1987   *Hans Borucki*

Inhaltsverzeichnis

1. Kapitel: Bruchterme 9
   a) Einführung 9
   b) Erweitern von Bruchtermen 9
   c) Kürzen von Bruchtermen 14
   d) Multiplikation von Bruchtermen 25
   e) Division von Bruchtermen 28
   f) Addition und Subtraktion nennergleicher Bruchterme . . 29
   g) Addition und Subtraktion bei nicht nennergleichen Bruchtermen 33

Zwischentest 49

2. Kapitel: Bruchgleichungen 51
   a) Einführung 51
   b) Bestimmung der Definitionsmenge einer Bruchgleichung 52
   c) Bestimmung der Lösungsmenge einer Bruchgleichung . . 55

3. Kapitel: Bruchungleichungen 68

Abschlußtest 83

Lösungen 84

1. Kapitel

Bruchterme

a) *Einführung*

Es gibt Brüche, bei denen im Zähler und im Nenner natürliche Zahlen stehen.	$\frac{3}{4}$; $\frac{12}{7}$; $\frac{30}{97}$
Es gibt Brüche, bei denen im Zähler oder Nenner Brüche stehen (Doppelbrüche).	$\frac{\frac{3}{4}}{\frac{7}{5}}$; $\frac{\frac{4}{3}}{\frac{8}{9}}$; $\frac{\frac{12}{17}}{\frac{13}{28}}$
Es gibt Brüche, bei denen im Zähler oder Nenner (unausgerechnete) Summen, Differenzen, Produkte oder Quotienten stehen.	$\frac{3\cdot 4+20}{7-15:3}$; $\frac{7\cdot 8}{12:4}$; $\frac{(7+3):5}{36\cdot(12-5)}$
Es gibt Brüche, bei denen im Zähler oder Nenner Platzhalter (meist in Form von Buchstaben) auftreten.	$\frac{a}{b}$; $\frac{3x}{7y}$; $\frac{4x+5y}{12a-7b}$

Brüche, bei denen im *Nenner* ein oder mehrere Platzhalter auftreten, bezeichnen wir als *Bruchterme*.

Beispiele für Bruchterme:

$$\frac{12}{x}; \quad \frac{15x\cdot 4y}{13a}; \quad \frac{x+y}{x-y}; \quad \frac{1}{a^2-b^2}; \quad \frac{3x+5y}{x}$$

b) *Erweitern von Bruchtermen*

	Beispiel	allgemein
Brüche kann man erweitern.	$\frac{2}{3}$	$\frac{a}{b}$
Erweitern heißt, Zähler *und* Nenner mit *derselben* Zahl *malnehmen*.	$\frac{2\cdot 4}{3\cdot 4}=\frac{8}{12}$	$\frac{a\cdot c}{b\cdot c}$
Beim Erweitern ändert sich lediglich die Form des Bruches, *nicht* aber sein Wert. Brüche, die durch Erweitern auseinander hervorgehen sind gleich.	$\frac{8}{12}=\frac{2}{3}$	$\frac{a\cdot c}{b\cdot c}=\frac{a}{b}$

Bruchterme

1. Beispiel: Der Bruch $\frac{4}{5}$ soll mit 7 erweitert werden.

$$\frac{4}{5} = \frac{4 \cdot 7}{5 \cdot 7} = \frac{28}{35}$$

2. Beispiel: Der Bruch $\frac{12}{7}$ soll mit 3 erweitert werden.

$$\frac{12}{7} = \frac{12 \cdot 3}{7 \cdot 3} = \frac{36}{21}$$

1. Aufgabe: Erweitere ebenso den Bruch

a) $\frac{7}{8}$ mit 5; b) $\frac{5}{7}$ mit 11; c) $\frac{6}{13}$ mit 15; d) $\frac{5}{12}$ mit 25; e) $\frac{17}{21}$ mit 13.

Auch Bruch*terme* lassen sich erweitern.
Zum Beispiel mit einer Zahl:

$$\frac{3}{x} = \frac{3 \cdot 2}{x \cdot 2} = \frac{6}{2x}$$

$$\frac{5}{3+x} = \frac{5 \cdot 8}{(3+x) \cdot 8} = \frac{40}{24+8x}$$

$$\frac{7x+3}{4-2x} = \frac{(7x+3) \cdot 5}{(4-2x) \cdot 5} = \frac{35x+15}{20-10x}$$

2. Aufgabe: Erweitere ebenso den Bruchterm

a) $\frac{a}{2b}$ mit 4   b) $\frac{3x}{5y}$ mit 7

c) $\frac{7}{a+5}$ mit 5   d) $\frac{3a}{5b-6}$ mit 8

e) $\frac{a+b}{a-b}$ mit 3   f) $\frac{4x+3}{7-5x}$ mit 12

g) $\frac{2a+4b}{8-5a}$ mit 12   h) $\frac{5ab}{7a-3b}$ mit 9

i) $\frac{4x^2+x}{3x-5}$ mit 11   k) $\frac{2a-3b}{4ab}$ mit 15

Erweitern

Bruchterme lassen sich aber auch mit einem Platzhalter erweitern:

$$\frac{5}{x} = \frac{5 \cdot a}{x \cdot a} = \frac{5a}{ax}$$

$$\frac{7}{x-5} = \frac{7 \cdot x}{(x-5) \cdot x} = \frac{7x}{x^2-5x}$$

$$\frac{3a+4}{7b-2a} = \frac{(3a+4) \cdot b}{(7b-2a) \cdot b} = \frac{3ab+4b}{7b^2-2ab}$$

3. Aufgabe: Erweitere ebenso den Bruchterm

a) $\frac{7}{a}$ mit x

b) $\frac{a}{5}$ mit b

c) $\frac{3}{a+2}$ mit b

d) $\frac{3}{a+2}$ mit a

e) $\frac{a+b}{a-b}$ mit a

f) $\frac{4x+2y}{3x-y}$ mit x

g) $\frac{4x+2y}{3x-y}$ mit y

h) $\frac{a-3ab}{b-a^2}$ mit a

i) $\frac{5a+3b}{3a+5b}$ mit b

k) $\frac{7ab}{3a-b}$ mit b

Und schließlich kann man Bruchterme auch mit solchen Termen erweitern, die sowohl Platzhalter als auch Zahlen enthalten:

$$\frac{2}{x} = \frac{2 \cdot 4a}{x \cdot 4a} = \frac{8a}{4ax}$$

$$\frac{a+5}{b} = \frac{(a+5) \cdot (3+a)}{b \cdot (3+a)} = \frac{3a+a^2+15+5a}{3b+ab} = \frac{a^2+8a+15}{3b+ab}$$

$$\frac{4x+2}{3x-1} = \frac{(4x+2) \cdot (2x+1)}{(3x-1) \cdot (2x+1)} = \frac{8x^2+8x+2}{6x^2+x-1}$$

$$\frac{x+1}{x-1} = \frac{(x+1) \cdot (x-1)}{(x-1) \cdot (x-1)} = \frac{x^2-1}{(x-1)^2}$$

4. Aufgabe: Erweitere ebenso den Bruchterm

a) $\frac{x}{2y}$ mit 5x

b) $\frac{x}{2y}$ mit 5xy

c) $\frac{3}{a+2b}$ mit ab

d) $\frac{5x+2}{3x}$ mit x+1

e) $\frac{7a+b}{3a-b}$ mit 3a+b

f) $\frac{x-2}{x+2}$ mit x+2

g) $\frac{5x+3y}{7x-2y}$ mit x+4y

h) $\frac{a-5b}{b-5a}$ mit 5b-a

i) $\frac{3x-9y}{2x+5y}$ mit 5x-2y

k) $\frac{2ab+3b}{4b^2-3a^2}$ mit $4b^2+3a^2$

Du sollst den Bruch $\frac{3}{5}$ durch Erweitern in einen Bruch mit dem Nenner 60 umwandeln.

Überlege so:
Der *ursprüngliche* Nenner ist 5.
Der *neue* Nenner ist 60.
Du mußt also mit $60 : 5 = 12$ erweitern.

$$\frac{3}{5} = \frac{3 \cdot 12}{5 \cdot 12} = \frac{36}{60}$$

Und so hast du gerechnet:

$$\frac{3}{5} = \frac{\Box}{60}$$

$60 : 5 = 12; \quad 3 \cdot 12 = 36$

5. Aufgabe: Bringe die folgenden Brüche durch Erweitern auf den in Klammern angegebenen Nenner.

a) $\frac{5}{8}$ (56); b) $\frac{7}{9}$ (144); c) $\frac{2}{3}$ (162); d) $\frac{11}{12}$ (108); e) $\frac{15}{34}$ (476)

Ganz entsprechend verfahren wir mit Bruch*termen*.

Beispiel:
Du sollst den Bruchterm $\frac{12a^2b}{13xy^2}$ durch Erweitern auf den Nenner $65x^3y^3$ bringen.

Überlege so:
Der *ursprüngliche* Nenner ist $13xy^2$.
Der *neue* Nenner ist $65x^3y^3$.
Du mußt also mit $65x^3y^3 : 13xy^2 = 5x^2y$ erweitern,
denn $13xy^2 \cdot 5x^2y = 65x^3y^3$.

$$\frac{12a^2b}{13xy^2} = \frac{12a^2b \cdot 5x^2y}{13xy^2 \cdot 5x^2y} = \frac{60a^2bx^2y}{65x^3y^3}$$

Weitere Beispiele:
Der Bruchterm $\frac{3xy}{4z}$ soll durch Erweitern auf den Nenner $12xz + 8yz$ gebracht werden.

Der *ursprüngliche* Nenner: $4z$.
Der *neue* Nenner: $12xz + 8yz$
Erweitert werden muß mit $(3x + 2y)$,
denn $4z \cdot (3x + 2y) = 12xz + 8yz$

Ergebnis:
$$\frac{3xy}{4z} = \frac{3xy \cdot (3x+2y)}{4z \cdot (3x+2y)} = \frac{9x^2y + 6xy^2}{12xz + 8yz}$$

Der Bruchterm $\frac{7x+5y}{2x-3y}$ soll durch Erweitern auf den Nenner $4x^2 - 9y^2$ gebracht werden.

Der *ursprüngliche* Nenner: $2x - 3y$
Der *neue* Nenner: $4x^2 - 9y^2$
Erweitert werden muß mit $(2x + 3y)$,
denn $(2x - 3y) \cdot (2x + 3y) = 4x^2 - 9y^2$

Ergebnis:
$$\frac{7x+5y}{2x-3y} = \frac{(7x+5y) \cdot (2x+3y)}{(2x-3y) \cdot (2x+3y)} = \frac{14x^2 + 31xy + 15y^2}{4x^2 - 9y^2}$$

Der Bruchterm $\frac{5a+6b}{12a-15b}$ soll durch Erweitern auf den Nenner $36a^2 - 45ab$ gebracht werden.

Der *ursprüngliche* Nenner: $12a - 15b$
Der *neue* Nenner: $36a^2 - 45ab$
Erweitert werden muß mit $3a$,
denn $(12a - 15b) \cdot 3a = 36a^2 - 45ab$.

Ergebnis:
$$\frac{5a+6b}{12a-15b} = \frac{(5a+6b) \cdot 3a}{(12a-15b) \cdot 3a} = \frac{15a^2 + 18ab}{36a^2 - 45ab}$$

6. Aufgabe: Bringe die folgenden Bruchterme durch Erweitern auf die in Klammern angegebenen Nenner.

a) $\frac{3x}{7y}$; $(14xy)$

b) $\frac{5a}{3b}$; $(15b^2)$

c) $\frac{8a}{9b}$; $(81ab^2)$

d) $\frac{3a^2b}{14ab^2}$; $(84a^2b^2)$

e) $\frac{8xy}{5x}$; $(10xy + 15xz)$

f) $\frac{5x+7y}{2a+3b}$; $(6a + 9b)$

g) $\frac{3a+5b}{2a+3b}$; $(4a^2 - 9b^2)$

h) $\frac{x-4y}{3x+y}$; $(12x + 4y)$

i) $\frac{6a-7b}{3a-2b}$; $(6a^2b - 4ab^2)$

k) $\frac{5x+3y}{3x-2y}$; $(9x^2 - 4y^2)$

c) Kürzen von Bruchtermen

	Beispiel	allgemein
Brüche kann man kürzen.	$\dfrac{9}{15}$	$\dfrac{a}{b}$
Kürzen heißt, Zähler *und* Nenner durch *dieselbe* Zahl *teilen*.	$\dfrac{9:3}{15:3} = \dfrac{3}{5}$	$\dfrac{a:c}{b:c}$
Beim Kürzen ändert sich lediglich die Form des Bruches, nicht aber sein Wert. Brüche, die durch Kürzen auseinander hervorgehen, sind gleich.	$\dfrac{3}{5} = \dfrac{9}{15}$	$\dfrac{a:c}{b:c} = \dfrac{a}{b}$

Ein Bruch ist *vollständig gekürzt*, wenn Zähler und Nenner keinen gemeinsamen Teiler haben.
Ein vollständig gekürzter Bruch befindet sich in seiner *Grundform*.

Beispiel:
Der Bruch $\dfrac{48}{78}$ soll durch Kürzen in seine Grundform gebracht werden.

$$\dfrac{48}{78} = \dfrac{48:6}{78:6} = \dfrac{8}{13}$$

Man kann sich auch schrittweise an die Grundform "herankürzen", wie das folgende Beispiel zeigt:

$$\dfrac{144}{216} = \dfrac{144:4}{216:4} = \dfrac{36}{54} = \dfrac{36:6}{54:6} = \dfrac{6}{9} = \dfrac{6:3}{9:3} = \dfrac{2}{3}$$

7. Aufgabe: Bringe die folgenden Brüche durch Kürzen auf ihre Grundform.

a) $\dfrac{21}{35}$ b) $\dfrac{88}{128}$ c) $\dfrac{36}{144}$ d) $\dfrac{56}{126}$ e) $\dfrac{28}{84}$

Kürzen

Auch Bruch*terme* lassen sich kürzen:

$$\frac{4}{14x} = \frac{4:2}{(14x):2} = \frac{2}{7x}$$

$$\frac{21a}{77b} = \frac{(21a):7}{(77b):7} = \frac{3a}{11b}$$

$$\frac{132u}{36vw} = \frac{(132u):12}{(36vw):12} = \frac{11u}{3vw}$$

8. Aufgabe: Kürze ebenso.

a) $\dfrac{6}{8y}$ b) $\dfrac{15x}{35y}$ c) $\dfrac{48ab}{72cd}$ d) $\dfrac{75xy}{90z}$

e) $\dfrac{42x}{98y}$ f) $\dfrac{65a^2}{117x}$ g) $\dfrac{150}{225x^2}$ h) $\dfrac{51a}{85b}$

Bei dem Bruch

$$\frac{8 \cdot 45}{105 \cdot 28}$$

sind Zähler und Nenner unausgerechnete Produkte.
Sollst du diesen Bruch durch Kürzen in die Grundform bringen, so kannst du zuerst multiplizieren:

$$\frac{8 \cdot 45}{105 \cdot 28} = \frac{360}{2940}$$

und danach kürzen:

$$\frac{360}{2940} = \frac{360:60}{2940:60} = \frac{6}{49}$$

Einfacher geht es aber, wenn du erst kürzt und dann multiplizierst.

Beachte dabei die Regel:
 Ein unausgerechnetes Produkt wird durch eine Zahl geteilt, indem man *nur einen* der Faktoren durch diese Zahl teilt.

Bruchterme

Und so wird's dann gemacht:

$$\frac{8 \cdot 45}{105 \cdot 28} = \frac{(8 \cdot 45):15}{(105 \cdot 28):15} = \frac{8 \cdot (45:15)}{(105:15) \cdot 28} = \frac{8 \cdot 3}{7 \cdot 28}$$

$$= \frac{(8 \cdot 3):4}{(7 \cdot 28):4} = \frac{(8:4) \cdot 3}{7 \cdot (28:4)} = \frac{2 \cdot 3}{7 \cdot 7} = \frac{6}{49}$$

Und so hast du gerechnet:

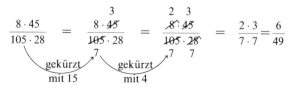

Und noch kürzer kannst du es so schreiben:

$$\frac{\overset{2}{\cancel{8}} \cdot \overset{3}{\cancel{45}}}{\underset{7}{\cancel{105}} \cdot \underset{7}{\cancel{28}}} = \frac{6}{49}$$

Weitere Beispiele:

$$\frac{\overset{1}{\cancel{24}} \cdot \overset{7}{\cancel{49}}}{\underset{5}{\cancel{35}} \cdot \underset{3}{\cancel{72}}} = \frac{7}{15}$$

1. Schritt (╱): Kürze 24 gegen 72 mit 24
2. Schritt (╲): Kürze 49 gegen 35 mit 7

$$\frac{\overset{1}{\cancel{18}} \cdot \overset{1}{\cancel{5}} \cdot \overset{1}{\cancel{15}}}{\underset{5}{\cancel{25}} \cdot \underset{4}{\cancel{72}} \cdot \underset{8}{\cancel{24}}} = \frac{1}{32}$$

1. Schritt (╱): Kürze 18 gegen 72 mit 18
2. Schritt (╲): Kürze 5 gegen 25 mit 5
3. Schritt (╲): Kürze 15 gegen 5 mit 5
4. Schritt (╲): Kürze 3 gegen 24 mit 3

9. Aufgabe: Kürze vor dem Multiplizieren vollständig.

a) $\dfrac{2 \cdot 3}{9 \cdot 8}$ b) $\dfrac{4 \cdot 15}{5 \cdot 22}$ c) $\dfrac{15 \cdot 24}{16 \cdot 25}$ d) $\dfrac{36 \cdot 15}{45 \cdot 24}$

e) $\dfrac{17 \cdot 26}{39 \cdot 51}$ f) $\dfrac{8 \cdot 9}{15 \cdot 14}$ g) $\dfrac{45 \cdot 26}{180 \cdot 25}$ h) $\dfrac{14 \cdot 45}{35 \cdot 63}$

Auch Bruchterme lassen sich auf diese Art kürzen.
Der Bruchterm $\dfrac{15x}{27x^2}$ ist eine Kurzschreibweise für $\dfrac{15 \cdot x}{27 \cdot x \cdot x}$. Und in dieser Form kürzen wir nun jeweils einen Faktor im Zähler gegen einen Faktor im Nenner.

Kürzen

Das sieht so aus:

$$\frac{\overset{1}{\cancel{15}} \cdot \overset{1}{\cancel{x}}}{\underset{9}{\cancel{27}} \cdot \underset{1}{\cancel{x}} \cdot x} = \frac{5}{9x}$$

1. Schritt (╱): Kürze 15 gegen 27 mit 3
2. Schritt (╱): Kürze x gegen x mit x.

(Beachte: $x : x = 1$!)

Weitere Beispiele:

$$\frac{36\,abc}{120\,a^2b} =$$

$$\frac{\overset{3}{\cancel{36}} \cdot \overset{1}{\cancel{a}} \cdot \overset{1}{\cancel{b}} \cdot c}{\underset{10}{\cancel{120}} \cdot \underset{1}{\cancel{a}} \cdot a \cdot \underset{1}{\cancel{b}}} = \frac{3c}{10a}$$

1. Schritt (╱): Kürze 36 gegen 120 mit 12
2. Schritt (╱): Kürze a gegen a mit a
3. Schritt (╱): Kürze b gegen b mit b

$$\frac{65\,x^2y}{143\,x^3z} =$$

$$\frac{\overset{5}{\cancel{65}} \cdot \cancel{x} \cdot \cancel{x} \cdot y}{\underset{11}{\cancel{143}} \cdot \cancel{x} \cdot \cancel{x} \cdot x \cdot z} = \frac{5y}{11xz}$$

1. Schritt (╱): Kürze 65 gegen 143 mit 13
2. Schritt (╱): Kürze x gegen x mit x
3. Schritt (╱): Kürze x gegen x mit x

$$\frac{64\,x^2yz^4}{88\,xy^3z^2} =$$

$$\frac{\overset{8}{\cancel{64}} \cdot \cancel{x} \cdot x \cdot \cancel{y} \cdot \cancel{z} \cdot \cancel{z} \cdot z \cdot z}{\underset{11}{\cancel{88}} \cdot \cancel{x} \cdot \cancel{y} \cdot y \cdot y \cdot \cancel{z} \cdot \cancel{z}} =$$

$$\frac{8xz^2}{11y^2}$$

1. Schritt (╱): Kürze 64 gegen 88 mit 8
2. Schritt (╱): Kürze x gegen x mit x
3. und 4. Schritt (╱): Kürze z gegen z mit z
5. Schritt (╱): Kürze y gegen y mit y

10. Aufgabe: Kürze ebenso.

a) $\dfrac{24a}{27a^2}$ b) $\dfrac{42x^2}{56xy}$ c) $\dfrac{27a^2b}{45ab^2}$

d) $\dfrac{80a^3b^2c}{128a^4bc^2}$ e) $\dfrac{135x^3y^2z^4}{225xy^4z^2}$ f) $\dfrac{84abc^3}{120a^3bc^3}$

g) $\dfrac{121x^4y}{132y^4}$ h) $\dfrac{91a^5b}{98ab^5}$ i) $\dfrac{42x^3y^4z^5}{98x^5y^4z^3}$

k) $\dfrac{16ab^5c}{64a^5bc}$

Mit viel weniger Schreibarbeit lassen sich derartige Kürzungsaufgaben lösen, wenn man sich folgendes klarmacht:

Die Divisionsaufgabe $a^7 : a^3$ hat als Lösung den Bruch $\dfrac{a^7}{a^3}$:

$$a^7 : a^3 = \frac{a^7}{a^3}$$

a^7 ist eine Kurzschreibweise für $a \cdot a \cdot a \cdot a \cdot a \cdot a \cdot a$.
a^3 ist eine Kurzschreibweise für $a \cdot a \cdot a$.
Also kann man schreiben:

$$a^7 : a^3 = \frac{a^7}{a^3} = \frac{a \cdot a \cdot a \cdot a \cdot a \cdot a \cdot a}{a \cdot a \cdot a}$$

Kürzt man nun jeweils ein a im Zähler gegen ein a im Nenner, dann ergibt sich:

$$a^7 : a^3 = \frac{a^7}{a^3} = \frac{\overset{1}{\cancel{a}} \cdot \overset{1}{\cancel{a}} \cdot \overset{1}{\cancel{a}} \cdot a \cdot a \cdot a \cdot a}{\underset{1}{\cancel{a}} \cdot \underset{1}{\cancel{a}} \cdot \underset{1}{\cancel{a}}} = \frac{a \cdot a \cdot a \cdot a}{1} = a^4$$

Allgemein gilt für den Fall, daß m größer oder gleich n ist ($m \geq n$):

$$a^m : a^n = \frac{a^m}{a^n} = \frac{\overbrace{a \cdot a \cdot a \cdot a \cdot \ldots \cdot a}^{m \text{ Faktoren}}}{\underbrace{a \cdot a \cdot a \cdot \ldots \cdot a}_{n \text{ Faktoren}}} = \frac{\overbrace{a \cdot a \cdot a \cdot \ldots \cdot a}^{(m-n) \text{ Faktoren}}}{1} = a^{m-n}$$

Das heißt: Man dividiert zwei Potenzen mit gleicher Basis (Grundzahl), indem man die Exponenten (Hochzahlen) subtrahiert.

Beispiele:

$$x^{17} : x^3 = x^{17-3} = x^{14}$$
$$a^9 : a^6 = a^{9-6} = a^3$$
$$y^{23} : y^{17} = y^{23-17} = y^6$$

11. Aufgabe: Berechne ebenso.

a) $a^7 : a^3$ b) $x^{16} : x^{14}$ c) $b^{21} : b^{12}$ d) $y^{25} : y^5$
e) $z^{12} : z^4$ f) $a^5 : a$ g) $b^9 : b^6$ h) $x^{16} : x^4$

Unter Verwendung der Beziehung

$$a^m : a^n = a^{m-n}$$

können wir unsere bisherigen Kürzungsaufgaben so lösen:

$$\frac{\overset{8}{\cancel{64}} \overset{x}{\cancel{x^2}} \overset{}{\cancel{y}} \overset{z^2}{\cancel{z^4}}}{\underset{11}{\cancel{88}} \underset{}{\cancel{x}} \underset{y^2}{\cancel{y^3}} \underset{}{\cancel{z^2}}} = \frac{8xz^2}{11y^2}$$

1. Schritt (╱): Kürze 64 gegen 88 mit 8
2. Schritt (╱): Kürze x^2 gegen x mit x
   (Beachte: $x^2 : x = x$!)
3. Schritt (╱): Kürze y gegen y^3 mit y
   (Beachte: $y^3 : y = y^2$!)
4. Schritt (╱): Kürze z^4 gegen z^2 mit z^2
   (Beachte: $z^4 : z^2 = z^2$!)

Kürzen

Weitere Beispiele:

$$\frac{\overset{5}{\cancel{125}}\overset{x}{\cancel{x^3}}\,\overset{}{\cancel{y^3}}\,\overset{}{\cancel{z}}}{\underset{3}{\cancel{75}}\,\underset{}{\cancel{x^2}}\,\underset{y^2}{\cancel{y^5}}\,\underset{z^3}{\cancel{z^4}}} = \frac{5x}{3y^2 z^3}$$

1. Schritt (╱): Kürze 125 gegen 75 mit 25
2. Schritt (╱): Kürze x^3 gegen x^2 mit x^2
3. Schritt (╲): Kürze y^3 gegen y^5 mit y^3
4. Schritt (╲): Kürze z gegen z^4 mit z

$$\frac{\overset{5}{\cancel{95}}\overset{a^3}{\cancel{a^6}}\,\overset{}{\cancel{b^2}}\,\overset{c^3}{\cancel{c^7}}}{\underset{3}{\cancel{57}}\,\underset{}{\cancel{a^3}}\,\underset{b^3}{\cancel{b^5}}\,\underset{}{\cancel{c^4}}} = \frac{5a^3 c^3}{3b^3}$$

1. Schritt (╱): Kürze 95 gegen 57 mit 19
2. Schritt (╱): Kürze a^6 gegen a^3 mit a^3
3. Schritt (╲): Kürze b^2 gegen b^5 mit b^2
4. Schritt (╲): Kürze c^7 gegen c^4 mit c^4

$$\frac{\overset{2}{\cancel{78}}\,\overset{}{\cancel{a^7}}\,\overset{b^{14}}{\cancel{b^{15}}}\,\overset{}{\cancel{c^3}}}{\underset{}{\cancel{39}}\,\underset{a^5}{\cancel{a^{12}}}\,\underset{}{\cancel{b}}\,\underset{c}{\cancel{c^4}}} = \frac{2b^{14}}{a^5 c}$$

1. Schritt (╱): Kürze 78 gegen 39 mit 39
2. Schritt (╱): Kürze a^7 gegen a^{12} mit a^7
3. Schritt (╲): Kürze b^{15} gegen b mit b
4. Schritt (╲): Kürze c^3 gegen c^4 mit c^3

12. Aufgabe: Kürze ebenso die folgenden Bruchterme.

a) $\dfrac{60 a^{12} b^7}{144 a^3 b^{11}}$

b) $\dfrac{65 x^{23} y^{15} z}{117 x^{11} y^{17} z^{13}}$

c) $\dfrac{39 a^5 b^8}{182 a^2 b}$

d) $\dfrac{65 m^5 n^3}{26 m^3 n^5}$

e) $\dfrac{135 x^7 y^3}{90 x^5 y^5}$

f) $\dfrac{66 a^8 b c^2}{90 a b^2 c^8}$

g) $\dfrac{84 d^3 e^{12}}{144 d^{12} e^3}$

h) $\dfrac{56 x y z}{120 x^5 y^3 z}$

i) $\dfrac{108 a^{15} b^{13}}{198 a^{12} b}$

k) $\dfrac{225 c^3 d^4}{75 c^7 d^2}$

Bei allen bisher behandelten Bruchtermen waren die im Zähler und Nenner auftretenden Faktoren stets einzelne Zahlen oder Platzhalter. Anders ist das bei dem folgenden Bruchterm:

$$\frac{5 \cdot (2a + 3b)}{7ab}$$

Hier ist einer der Faktoren im Zähler eine Klammer und zwar die Summe aus 2a und 3b.
Weitere Beispiele für Bruchterme, bei denen Klammern auftreten, sind:

$$\frac{4ab}{3b \cdot (a-2b)}$$

$$\frac{6u \cdot (3v + 4w)}{(12v - 15w) \cdot 3vw}$$

$$\frac{(3x - 7y) \cdot (4x + y)}{7x \cdot (x - 4y) \cdot (7 + 3x)}$$

Im Bruchterm $\dfrac{4a \cdot (2a-3b)}{(2a-3b) \cdot 7b}$

tritt die Klammer $(2a-3b)$ als Faktor sowohl im Zähler als auch im Nenner auf. Wir können daher Zähler und Nenner durch $(2a-3b)$ teilen und erhalten:

$$\dfrac{[4a \cdot (2a-3b)] : (2a-3b)}{[(2a-3b) \cdot 7b] : (2a-3b)} = \dfrac{4a}{7b}$$

Wir haben also "die Klammer weggekürzt".
Kürzer schreiben wir diesen Vorgang künftig so:

$$\dfrac{4a \cdot \cancel{(2a-3b)}}{\cancel{(2a-3b)} \cdot 7b} = \dfrac{4a}{7b}$$

Weitere Beispiele:

$\dfrac{\overset{2}{\cancel{8}}\overset{x}{\cancel{x^2}} \cdot \cancel{(5x+3y)}}{\underset{3}{\cancel{12}}\cancel{x} y \cdot \cancel{(5x+3y)}} = \dfrac{2x}{3y}$

1. Schritt (╱): Kürze Klammer gegen Klammer
2. Schritt (╱): Kürze 8 gegen 12 mit 4
3. Schritt (╱): Kürze x^2 gegen x mit x

$\dfrac{\overset{4}{\cancel{28}}\cancel{a^2} b \cdot \cancel{(2a-3b)}}{\cancel{(2a-3b)} \cdot \underset{7\ a}{\cancel{49}\cancel{a^3}}} = \dfrac{4b}{7a}$

1. Schritt (╱): Kürze Klammer gegen Klammer
2. Schritt (╱): Kürze 28 gegen 49 mit 7
3. Schritt (╱): Kürze a^2 gegen a^3 mit a^2

$\dfrac{\overset{7}{\cancel{42}}\cancel{x^2} \overset{y}{\cancel{y^3}} (x-3y) \cdot \cancel{(4x+5y)}}{\underset{13\ x}{\cancel{78}} \cancel{x^3} \cancel{y^2} \cancel{(4x+5y)} \cdot (x+3y)} = \dfrac{7y(x-3y)}{13x(x+3y)}$

1. Schritt (╱): Kürze $(4x+5y)$ gegen $(4x+5y)$
2. Schritt (╱): Kürze 42 gegen 78 mit 6
3. Schritt (╱): Kürze x^2 gegen x^3 mit x^2
4. Schritt (╱): Kürze y^3 gegen y^2 mit y^2

13. Aufgabe: Kürze ebenso.

a) $\dfrac{27x^2(a+3b)}{33x^3(a+3b)}$ \qquad b) $\dfrac{(5x+3y) \cdot (x+y)}{7xy \cdot (5x+3y)}$

c) $\dfrac{30a^2 b(7a+5b)}{55ab^2(7a+5b)}$ \qquad d) $\dfrac{24xy^3(3x+7y)}{(3x+7y) \cdot (5x+y) \cdot 9y}$

e) $\dfrac{105c^2 d^5(3a+b)}{(3a+b) \cdot 7cd \cdot (5+b)}$ \qquad f) $\dfrac{84(x+y) \cdot (x-y)}{28xy(x+y)}$

g) $\dfrac{75a^2(3x+2y) \cdot (2x+3y)}{135a(3x+2y) \cdot (2x+3y)}$ \qquad h) $\dfrac{4a+3b}{7a(4a+3b)}$

Beim Bruchterm $\dfrac{18x^2(3x-7y)^2}{27xy(3x-7y)^3}$

taucht die Klammer $(3x-7y)$ in der 2. bzw. 3. Potenz auf.

Kürzen

In einem solchen Falle ist es zweckmäßig, die auftretenden Potenzen zunächst als Produkte aus gleichen Faktoren zu schreiben und danach erst zu kürzen:

$$\frac{18x^2(3x-7y)^2}{27xy(3x-7y)^3} = \frac{\overset{2x}{\cancel{18}\cancel{x^2}} \cdot \cancel{(3x-7y)} \cdot \cancel{(3x-7y)}}{\underset{3}{\cancel{27}\cancel{x}}y \cdot (3x-7y) \cdot \cancel{(3x-7y)} \cdot \cancel{(3x-7y)}} = \frac{2x}{3y(3x-7y)}$$

Weitere Beispiele:

$$\frac{33ab^2(5a+3b)^3}{72a^2b(5a+3b)} = \frac{\overset{11}{\cancel{33}}a\cancel{b^2}\overset{b}{}(5a+3b)(5a+3b)\cancel{(5a+3b)}}{\underset{24a}{\cancel{72}\cancel{a^2}\cancel{b}\cancel{(5a+3b)}}}$$

$$= \frac{11b(5a+3b)(5a+3b)}{24a} = \frac{11b(5a+3b)^2}{24a}$$

$$\frac{(x-y)^3 \cdot (3x+y)^2}{(3x+y)^4 \cdot (x-y)^2} = \frac{\cancel{(x-y)} \cdot \cancel{(x-y)} \cdot (x-y) \cdot \cancel{(3x+y)} \cdot \cancel{(3x+y)}}{(3x+y) \cdot (3x+y) \cdot \cancel{(3x+y)} \cdot \cancel{(3x+y)} \cdot \cancel{(x-y)} \cdot \cancel{(x-y)}} = \frac{x-y}{(3x+y)^2}$$

14. Aufgabe: Kürze ebenso die folgenden Bruchterme.

a) $\dfrac{12a^2b(3a-5b)^3}{4ab^2(3a-5b)^2}$ b) $\dfrac{42xy^3 \cdot (4x-3y)^5}{28x^3y \cdot (4x-3y)}$

c) $\dfrac{(x+2y)^5 \cdot (2x-y)^3}{(2x-y)^4 \cdot (x+2y)^4}$ d) $\dfrac{34a^2b^3 \cdot (5a+3b)^5}{51a^3 \cdot (5a+3b)^2 \cdot (3a+5b)}$

e) $\dfrac{36 \cdot (a+b)^5 \cdot (a-b)^3}{16a \cdot (a+b) \cdot (a-b)}$ f) $\dfrac{54a^3b^2(7x+3y)^2}{36a^2b^3(3y+7x)}$

g) $\dfrac{64c^4d^2(3c+4d)^5}{128d^3(3d+4c)^2 \cdot (3c+4d)^6}$ h) $\dfrac{56xyz(3z+5y)^3}{35x^2y(3z+5y) \cdot (z+7)}$

Auf den ersten Blick sieht es so aus, als ließe sich der Bruchterm

$$\frac{x \cdot (10x+15y)}{2y \cdot (2x+3y)}$$

nicht kürzen.
Schaut man sich aber die Klammer im Zähler etwas genauer an, dann erkennt man, daß sie sich durch das Produkt $5 \cdot (2x+3y)$ ersetzen läßt, denn $5 \cdot (2x+3y) = 10x+15y$.
Man sagt:
Die Summe $10x+15y$ läßt sich *faktorisieren*, indem man die Zahl 5 *ausklammert*.
Wir können also den gegebenen Bruchterm entgegen dem ersten Augenschein nun doch kürzen, und zwar schrittweise so:

$$\frac{x \cdot (10x+15y)}{2y \cdot (2x+3y)} = \frac{x \cdot 5 \cdot \cancel{(2x+3y)}}{2y \cdot \cancel{(2x+3y)}} = \frac{x \cdot 5}{2y} = \frac{5x}{2y}$$

Weitere Beispiele:

$$\frac{12a^2 \cdot (8a-20b)}{30ab \cdot (2a-5b)} = \frac{12a^2 \cdot 4 \cdot (2a-5b)}{30ab \cdot (2a-5b)}$$

(4 ausklammern)

$$= \frac{\overset{2a}{\cancel{12a^2}} \cdot 4 \cdot \cancel{(2a-5b)}}{\underset{5}{\cancel{30ab}} \cdot \cancel{(2a-5b)}} = \frac{2 \cdot a \cdot 4}{5 \cdot b} = \frac{8a}{5b}$$

$$\frac{24x^2y^3(5x+8y)}{16x^3y^2(30x^2+48xy)} = \frac{24x^2y^3(5x+8y)}{16x^3y^2 \cdot 6x \cdot (5x+8y)} = \frac{y}{4x^2}$$

(6x ausklammern)

(12a ausklammern)

$$\frac{6a^2b(24a^2-36ab)}{33ab^2(18ab-27b^2)} = \frac{6a^2b \cdot 12a \cdot (2a-3b)}{33ab^2 \cdot 9b \cdot (2a-3b)} = \frac{8a^2}{33b^2}$$

(9b ausklammern)

15. Aufgabe: Kürze ebenso die folgenden Bruchterme.

a) $\dfrac{3a \cdot (10a-10b)}{45a^2 \cdot (a-b)}$
b) $\dfrac{8x^2y(6x+3y)}{12xy(2x+y)}$
c) $\dfrac{35ab^2 \cdot (12a+16b)}{14a^2 \cdot (6a+8b)}$
d) $\dfrac{32a \cdot (9ab+3b)}{24ab \cdot (3ab+b)}$
e) $\dfrac{18xy^2 \cdot (12xy-8x)}{42x^2y \cdot (9y^2-6y)}$
f) $\dfrac{15ab \cdot (8a^2b-16ab^2)}{80a^2b \cdot (6ab-12b^2)}$
g) $\dfrac{27x^2y \cdot (20a^2b-15ab^2)}{135a^2b \cdot (12axy-9bxy)}$
h) $\dfrac{33a^2b \cdot (4ab+4a^2b)}{18b^2 \cdot (a^2+a)}$

Ganz und gar aussichtslos erscheint das Unterfangen, den Bruchterm

kürzen zu wollen.

Zähler und Nenner dieses Bruchterms sind Summen.
Und aus Differenzen und Summen darf man ja schließlich nicht kürzen. Das hast du bereits in der 6. Klasse eingetrichtert bekommen.
Doch Vorsicht! Dieser Bruchterm hat sich zwar vorzüglich getarnt, aber bei genauerem Hinsehen erkennt man dann doch, daß er gekürzt werden kann.
Die Summen in Zähler und Nenner lassen sich nämlich ohne große Schwierigkeiten in Produkte verwandeln. Und Produkte darf man gliedweise kürzen:

Weitere Beispiele:

$$\underbrace{\frac{21x^2y-49xy^2}{15x^3-35x^2y}}_{5x^2 \text{ ausklammern}}^{7xy \text{ ausklammern}} = \frac{7xy \cdot (3x-7y)}{5x^2 \cdot (3x-7y)} = \frac{7y}{5x}$$

$$\underbrace{\frac{4a^3b-8a^2b^2}{12a^2b-24ab^2}}_{12ab \text{ ausklammern}}^{4a^2b \text{ ausklammern}} = \frac{4a^2b(a-2b)}{12ab(a-2b)} = \frac{a}{3}$$

16. Aufgabe: Kürze ebenso die folgenden Bruchterme.

a) $\dfrac{4a-4b}{5a-5b}$ b) $\dfrac{5x+10xy}{3y+6y^2}$

c) $\dfrac{a^2-ab}{3ab-3b^2}$ d) $\dfrac{12x^3y-18x^2y^2}{8x^2y^2-12xy^3}$

e) $\dfrac{ab+b}{ax+x}$ f) $\dfrac{15ab^2-30a^2b}{20b^3-40ab^2}$

g) $\dfrac{12ab+18ac}{10b^2+15bc}$ h) $\dfrac{3xy-27y}{4x^2-36x}$

Manchmal muß man noch schwerere Geschütze auffahren, wenn man einen Bruchterm kürzen will. Zum Beispiel die drei *binomischen Formeln*:

$$(a+b)^2 = a^2 + 2ab + b^2 \quad \text{(1. binomische Formel)}$$
$$(a-b)^2 = a^2 - 2ab + b^2 \quad \text{(2. binomische Formel)}$$
$$(a+b)(a-b) = a^2 - b^2 \quad \text{(3. binomische Formel)}$$

Beim Bruchterm $\dfrac{4x^2 + 12xy + 9y^2}{12x \cdot (2x+3y)}$

läßt sich der Zähler in ein Quadrat verwandeln. Gemäß der 1. binomischen Formel gilt:

$$4x^2 + 12xy + 9y^2 = (2x+3y)^2$$

Und wenn wir diese Umwandlung vorgenommen haben, dann können wir kürzen wie gewohnt:

$$\frac{4x^2+12xy+9y^2}{12x \cdot (2x+3y)} = \frac{(2x+3y)^2}{12x(2x+3y)} = \frac{(2x+3y) \cdot \cancel{(2x+3y)}}{12x \cdot \cancel{(2x+3y)}} = \frac{2x+3y}{12x}$$

Weitere Beispiele:

$$\frac{4a^2b(4a-b)}{\underbrace{16a^2-8ab+b^2}_{\text{2. binomische Formel}}} = \frac{4a^2b(4a-b)}{(4a-b)^2} = \frac{4a^2b}{4a-b}$$

$$\frac{9x^2-16y^2}{3x \cdot \underbrace{(9x^2+24xy+16y^2)}_{\text{1. binomische Formel}}} = \frac{\overbrace{(3x-4y)(3x+4y)}^{\text{3. binomische Formel}}}{3x \cdot (3x+4y)^2} = \frac{3x-4y}{3x \cdot (3x+4y)}$$

$$\frac{4a^2b\overbrace{(x^2-y^2)}^{\text{3. binomische Formel}}}{12abc\underbrace{(x^2-2xy+y^2)}_{\text{2. binomische Formel}}} = \frac{4a^2b(x-y)(x+y)}{12abc(x-y)^2} = \frac{a \cdot (x+y)}{3c(x-y)}$$

17. Aufgabe: Kürze ebenso.

a) $\dfrac{a+3}{a^2+6a+9}$

b) $\dfrac{x^2-y^2}{x^2-2xy+y^2}$

c) $\dfrac{12x \cdot (a^2-16b^2)}{a^2+8ab+16b^2}$

d) $\dfrac{8xy \cdot (3x+5y)}{9x^2+30xy+25y^2}$

e) $\dfrac{4a^2-20ab+25b^2}{4a^2-25b^2}$

f) $\dfrac{15xy \cdot (9x^2-y^2)}{5y^2 \cdot (9x^2+6xy+y^2)}$

g) $\dfrac{ab-4a^2}{b^2-8ab+16a^2}$

h) $\dfrac{6xy-15y^2}{4x^2-20xy+25y^2}$

Multiplikation

In jeder der bisherigen Aufgaben dieses Abschnitts hast du jeweils nur eine ganz bestimmte Methode des Kürzens von Bruchtermen geübt. Dabei ging es nacheinander um
— das Kürzen unter Verwendung der Beziehung $a^m : a^n = a^{m-n}$
— das Kürzen von ganzen Klammern
— das Kürzen nach geeignetem Ausklammern
— das Kürzen unter Verwendung der binomischen Formeln.

In der folgenden Aufgabe geht es nun bunt durcheinander. Bei jeder Teilaufgabe mußt du dir selbst darüber Gedanken machen, welcher Weg dich weiterbringt.

18. Aufgabe: Kürze die folgenden Bruchterme vollständig.

a) $\dfrac{60ab}{84a^2}$ b) $\dfrac{63x^2y^5z^7}{189x^5y^7z^3}$

c) $\dfrac{ac-bc}{a^2-b^2}$ d) $\dfrac{8x-8y}{12x-12y}$

e) $\dfrac{6ab-4ac}{15bc-10c^2}$ f) $\dfrac{68a^2b^3c}{153ab^2c^3}$

g) $\dfrac{30a^2-45ab}{15a^2b}$ h) $\dfrac{2a-2b}{a^2-b^2}$

i) $\dfrac{x^2+x}{x^2-x}$ k) $\dfrac{4a^2-9b^2}{2a+3b}$

l) $\dfrac{x^2+x}{x^2-1}$ m) $\dfrac{4a^2-20ab+25b^2}{4a^2-25b^2}$

n) $\dfrac{12ab^2 \cdot (b^2-a^2)}{15a^2b(a^2+2ab+b^2)}$ o) $\dfrac{36x^2-64y^2}{3x+4y}$

p) $\dfrac{x^2-16}{3x+12}$ q) $\dfrac{4a^2+a}{16a^2-1}$

r) $\dfrac{3a^2b-3ab^2}{a^2x-b^2x}$ s) $\dfrac{9a^2b-b}{3a^2+a}$

t) $\dfrac{5 \cdot (x^2-2x+1)}{8x-8}$ u) $\dfrac{18bx-24cx}{15ab-20ac}$

d) Multiplikation von Bruchtermen

Im 6. Schuljahr hast du gelernt:

	Beispiel	allgemein
Brüche werden multipliziert, indem man Zähler mit Zähler und Nenner mit Nenner multipliziert.	$\dfrac{3}{4} \cdot \dfrac{7}{8} = \dfrac{3 \cdot 7}{4 \cdot 8} = \dfrac{21}{32}$	$\dfrac{a}{b} \cdot \dfrac{c}{d} = \dfrac{a \cdot c}{b \cdot d}$

Bevor du die Produkte im Zähler und im Nenner ausrechnest, solltest du stets erst nachsehen, ob du kürzen kannst. Dadurch erleichterst du dir die Rechenarbeit oft ganz erheblich.

1. Beispiel: $\dfrac{24}{35} \cdot \dfrac{49}{72} = \dfrac{\overset{1}{\cancel{24}} \cdot \overset{7}{\cancel{49}}}{\underset{5}{\cancel{35}} \cdot \underset{3}{\cancel{72}}} = \dfrac{7}{15}$

2. Beispiel: $\dfrac{15}{32} \cdot \dfrac{16}{45} = \dfrac{\overset{1}{\cancel{15}} \cdot \overset{1}{\cancel{16}}}{\underset{2}{\cancel{32}} \cdot \underset{3}{\cancel{45}}} = \dfrac{1}{6}$

3. Beispiel: $\dfrac{16}{21} \cdot \dfrac{25}{52} \cdot \dfrac{39}{60} = \dfrac{\cancel{16} \cdot \cancel{25} \cdot \cancel{39}}{21 \cdot \cancel{52} \cdot \cancel{60}} = \dfrac{5}{21}$

19. Aufgabe: Berechne ebenso.

a) $\dfrac{6 \cdot 26}{13 \cdot 33}$ b) $\dfrac{24 \cdot 49}{35 \cdot 72}$ c) $\dfrac{15 \cdot 32}{32 \cdot 45}$ d) $\dfrac{39 \cdot 25}{60 \cdot 52}$

e) $\dfrac{16 \cdot 15}{25 \cdot 28}$ f) $\dfrac{4 \cdot 9}{45 \cdot 16}$ g) $\dfrac{11 \cdot 14 \cdot 36}{12 \cdot 99 \cdot 77}$ h) $\dfrac{10 \cdot 15 \cdot 18}{27 \cdot 16 \cdot 25}$

Natürlich lassen sich auch Bruch*terme* miteinander multiplizieren. Dabei gilt dieselbe Regel wie bei den gewöhnlichen Brüchen:

> Bruchterme werden miteinander multipliziert, indem man Zähler mit Zähler und Nenner mit Nenner multipliziert.

Und auch bei der Multiplikation von Bruchtermen sollte man nicht vergessen, *rechtzeitig* zu kürzen.

1. Beispiel: $\dfrac{xy^2}{33z} \cdot \dfrac{44xz^2}{y} = \dfrac{xy^2 \cdot \overset{4}{\cancel{44}}xz^2}{\underset{3}{\cancel{33}}z \cdot y} = \dfrac{xy \cdot 4xz}{3} = \dfrac{4x^2yz}{3}$

Multiplikation

2. Beispiel:

$$\frac{9ab}{14c} \cdot \frac{35a}{39bc} = \frac{\cancel{9}ab \cdot \cancel{35}a}{\cancel{14}c \cdot \cancel{39}bc} = \frac{3a \cdot 5a}{2c \cdot 13c} = \frac{15a^2}{26c^2}$$

3. Beispiel:

$$\frac{44b}{27a^2} \cdot \frac{3a}{11b^2} \cdot \frac{15b}{16a} = \frac{\cancel{44}b \cdot \cancel{3}a \cdot \cancel{15}b}{\cancel{27}a^2 \cdot \cancel{11}b^2 \cdot \cancel{16}a} = \frac{5}{12a^2}$$

20. Aufgabe: Multipliziere und gib das Ergebnis in vollständig gekürzter Form an.

a) $\dfrac{15ab}{14c} \cdot \dfrac{56c^2}{25a^2}$
b) $\dfrac{27x^2y^2}{48z^3} \cdot \dfrac{32z^2}{45y^2}$
c) $\dfrac{35a^5b^3}{72xy^2} \cdot \dfrac{144x^2y}{21a^3b^4}$
d) $\dfrac{22ax^2y^2}{27brs^2} \cdot \dfrac{21rs}{44xy^2}$
e) $\dfrac{65xy^2z}{38a^2bc} \cdot \dfrac{57abc}{26y^2z}$
f) $\dfrac{75a^3b^2}{39xy} \cdot \dfrac{26xy^2}{125ab}$
g) $\dfrac{9a^2b}{17xy} \cdot \dfrac{85y^2}{27ab}$
h) $\dfrac{125x^2y^2}{32a^2b^5} \cdot \dfrac{48ab^3}{75xy^3}$

Ein bißchen aufpassen mußt du, wenn Zähler oder Nenner der zu multiplizierenden Brüche Summen oder Differenzen sind.
Sobald du die beiden einzelnen Bruchstriche durch einen einzigen Bruchstrich ersetzt, mußt du *unbedingt* um die vorher klammerlosen Summen bzw. Differenzen Klammern setzen.

Beispiel:

$$\frac{a+b}{3a-2b} \cdot \frac{4a}{a-b} = \frac{(a+b) \cdot 4a}{(3a-2b) \cdot (a-b)} = \frac{4a^2+4ab}{3a^2-5ab+2b^2}$$

Weitere Beispiele:

$$\frac{x+y}{x-y} \cdot \frac{4x}{x^2-y^2} = \frac{(x+y) \cdot 4x}{(x-y) \cdot (x^2-y^2)} = \frac{\cancel{(x+y)} \cdot 4x}{(x-y)\cancel{(x+y)}(x-y)} = \frac{4x}{(x-y)^2}$$

↑ 3. binomische Formel

$$\frac{a^2-2a}{4ab} \cdot \frac{2a^2b}{a-2} = \frac{(a^2-2a) \cdot 2a^2b}{4ab(a-2)} = \frac{a(a-2) \cdot 2a^2b}{4ab(a-2)} = \frac{a^2}{2}$$

↑ 3. binomische Formel

$$\frac{4x^2-9y^2}{3x-6y} \cdot \frac{x-2y}{2x+3y} = \frac{(4x^2-9y^2) \cdot (x-2y)}{(3x-6y) \cdot (2x+3y)} = \frac{(2x+3y) \cdot (2x-3y) \cdot \cancel{(x-2y)}}{3 \cdot \cancel{(x-2y)} \cdot \cancel{(2x+3y)}} = \frac{2x-3y}{3}$$

↑ 3 ausklammern

21. Aufgabe. Multipliziere und gib das Ergebnis in vollständig gekürzter Form an.

a) $\dfrac{a+b}{a-b} \cdot \dfrac{15a}{a^2-b^2}$

b) $\dfrac{18xy}{x^2-y^2} \cdot \dfrac{x+y}{12x}$

c) $\dfrac{4a^2-a}{15ab} \cdot \dfrac{35a^2b}{28a-7}$

d) $\dfrac{12\cdot(x+y)^2}{5a+2b} \cdot \dfrac{15a+6b}{3x+3y}$

e) $\dfrac{4-x^2}{x^2-1} \cdot \dfrac{x+1}{2-x}$

f) $\dfrac{x^2+2xy+y^2}{x-y} \cdot \dfrac{x^2-2xy+y^2}{x+y}$

g) $\dfrac{4a^2-9b^2}{9x^2-4y^2} \cdot \dfrac{18x^2y-12xy^2}{8a+12b}$

h) $\dfrac{a-5}{3a-12} \cdot \dfrac{a^2-4a}{3a-15}$

i) $\dfrac{(a-b)^2}{a^2+b^2} \cdot \dfrac{(a+b)^2}{a^2-b^2}$

k) $\dfrac{(2x-3y)^2}{4x^2+9y^2} \cdot \dfrac{(2x+3y)^2}{4x^2-9y^2}$

l) $\dfrac{4xy}{(x+y)^2} \cdot (x+y)$

m) $\dfrac{12a}{a^2-b^2} \cdot (a+b)$

n) $\dfrac{4xy}{9x^2-25y^2} \cdot (9x+15y)$

o) $\dfrac{(a+b)^2}{(a-b)^2} \cdot \dfrac{a^2-ab}{b^2+ab}$

p) $\dfrac{9x^2-30xy+25y^2}{25x^2+30xy+9y^2} \cdot \dfrac{15x+9y}{9x^2-25y^2}$

q) $\dfrac{5a\cdot(x^2-4y^2)}{9a^2-4} \cdot \dfrac{9a^2+12a+4}{x^2+4xy+4y^2}$

r) $\dfrac{(4x-5y)^2}{39a^2b} \cdot \dfrac{78ab^2}{64x^2-100y^2}$

s) $\dfrac{a^3-9a}{a^3b-ab^3} \cdot \dfrac{a^2b+ab^2}{a^2+6a+9}$

e) Division von Bruchtermen

Im 6. Schuljahr hast du gelernt:

	Beispiel	allgemein
Durch einen Bruch wird dividiert, indem man mit dem Kehrbruch multipliziert.	$\dfrac{4}{5} : \dfrac{3}{8} = \dfrac{4}{5} \cdot \dfrac{8}{3}$ $= \dfrac{4\cdot 8}{5\cdot 3} = \dfrac{32}{15}$	$\dfrac{a}{b} : \dfrac{c}{d} = \dfrac{a}{b} \cdot \dfrac{d}{c}$ $= \dfrac{a\cdot d}{b\cdot c}$

Diese Regel gilt selbstverständlich auch bei Bruch*termen*.
Jede Divisionsaufgabe mit Bruchtermen läßt sich somit als Multiplikationsaufgabe schreiben. Und die Multiplikation von Bruchtermen beherrschen wir ja mittlerweile ganz gut.
Trotzdem wollen wir noch einige Divisionsaufgaben berechnen.

1. Beispiel:
$$\dfrac{15ab^2}{16c} : \dfrac{35a^2}{36c^2} = \dfrac{15ab^2}{16c} \cdot \dfrac{36c^2}{35a^2} = \dfrac{\overset{3}{\cancel{15}}\cancel{a}b^2 \cdot \overset{9}{\cancel{36}}\cancel{c}^{\cancel{2}}}{\underset{4}{\cancel{16}}\cancel{c} \cdot \underset{7}{\cancel{35}}\cancel{a}^{\cancel{2}}} = \dfrac{3b^2 \cdot 9c}{4\cdot 7a} = \dfrac{27b^2c}{28a}$$

2. Beispiel:
$$\dfrac{(3x+4y)^2}{x^2y+xy^2} : \dfrac{3x+4y}{x+y} = \dfrac{(3x+4y)^2 \cdot (x+y)}{\underset{\uparrow}{(x^2y+xy^2)} \cdot (3x+4y)} = \dfrac{(3x+4y)^{\cancel{2}} \cdot \cancel{(x+y)}}{xy\cancel{(x+y)} \cdot \cancel{(3x+4y)}} = \dfrac{3x+4y}{xy}$$
xy ausklammern

Division

3. Beispiel:

$$\frac{4-x^2}{y^2-1} : \frac{x+2}{1+y} = \frac{(4-x^2)\cdot(1+y)}{(y^2-1)\cdot(x+2)} = \frac{(2-x)\cdot(2+x)\cdot(1+y)}{(y-1)\cdot(y+1)\cdot(x+2)} = \frac{2-x}{y-1}$$

(3. binomische Formel)

22. Aufgabe: Berechne ebenso und gib das Ergebnis in vollständig gekürzter Form an.

a) $\dfrac{4a^2b}{9xy^2} : \dfrac{2ab^2}{3x^2y}$

b) $\dfrac{x^2-2x}{x^2-3x} : \dfrac{x^2-4}{(x-3)^2}$

c) $\dfrac{4a-3b}{a-3b} : \dfrac{36a-27b}{5a-15b}$

d) $\dfrac{a^2-b^2}{1-x^2} : \dfrac{a+b}{1+x}$

e) $\dfrac{4a^2+12ab+9b^2}{x^2-4y^2} : \dfrac{4a^2-9b^2}{2x-4y}$

f) $\dfrac{a^2-3a}{a^3b-ab^3} : \dfrac{a-3}{a^2b+ab^2}$

g) $\dfrac{a^2+ab}{a-b} : \dfrac{a^2-b^2}{a^2-2ab+b^2}$

h) $\dfrac{25a^2-16b^2}{3ab-5} : (5a-4b)$

i) $\dfrac{x^2-y^2}{a^3-2a^2b+ab^2} : \dfrac{x+y}{a-b}$

k) $(6x^2-6) : \dfrac{x+1}{3x-2}$

f) Addition und Subtraktion nennergleicher Bruchterme

Für die Addition bzw. Subtraktion nennergleicher Brüche hast du die folgende Regel gelernt:

	Beispiel	allgemein
Nennergleiche Brüche werden addiert bzw. subtrahiert, indem man ihre Zähler addiert bzw. subtrahiert und den gemeinsamen Nenner beibehält.	$\dfrac{7}{15} \pm \dfrac{4}{15} = \dfrac{7 \pm 4}{15}$	$\dfrac{a}{c} \pm \dfrac{b}{c} = \dfrac{a \pm b}{c}$

Nach genau derselben Regel werden auch Bruch*terme* addiert bzw. subtrahiert.

1. Beispiel:

	$\dfrac{4a}{5b} + \dfrac{7a}{5b} =$
1. Schritt: Auf einen gemeinsamen Bruchstrich schreiben.	$\dfrac{4a+7a}{5b} =$
2. Schritt: Zähler zusammenfassen.	$\dfrac{11a}{5b}$

2. Beispiel:

	$\dfrac{9x}{7y+2} + \dfrac{5y}{7y+2} - \dfrac{3x}{7y+2} =$
1. Schritt: Auf einen gemeinsamen Bruchstrich schreiben.	$\dfrac{9x+5y-3x}{7y+2} =$
2. Schritt: Zähler zusammenfassen.	$\dfrac{6x+5y}{7y+2}$

3. Beispiel:

	$\dfrac{5x}{x^2-y^2} + \dfrac{3y}{x^2-y^2} - \dfrac{3x}{x^2-y^2} - \dfrac{6y}{x^2-y^2} =$
1. Schritt: Auf einen gemeinsamen Bruchstrich schreiben.	$\dfrac{5x+3y-3x-6y}{x^2-y^2} =$
2. Schritt: Zähler zusammenfassen.	$\dfrac{2x-3y}{x^2-y^2}$

23. Aufgabe. Berechne ebenso.

a) $\dfrac{5x}{7y} + \dfrac{3x}{7y}$

b) $\dfrac{12a}{5b} + \dfrac{17a}{5b} - \dfrac{3a}{5b}$

c) $\dfrac{11x}{a^2-b^2} - \dfrac{7x}{a^2-b^2}$

d) $\dfrac{7a}{a+b} + \dfrac{3b}{a+b} - \dfrac{4a}{a+b} + \dfrac{2b}{a+b}$

e) $\dfrac{5x}{2x+y} - \dfrac{3y}{2x+y} - \dfrac{2x}{2x+y} + \dfrac{4y}{2x+y}$

f) $\dfrac{17a}{a-b} - \dfrac{13b}{a-b} - \dfrac{17b}{a-b} - \dfrac{4a}{a-b}$

g) $\dfrac{25xy}{x-y^2} + \dfrac{21xz}{x-y^2} - \dfrac{35xy}{x-y^2} + \dfrac{17xz}{x-y^2}$

h) $\dfrac{18ab}{a^2-b} + \dfrac{35a}{a^2-b} + \dfrac{14a}{a^2-b} - \dfrac{12ab}{a^2-b}$

Sehr häufig treten im Zähler der Brüche, die du addieren bzw. subtrahieren sollst, Summen oder Differenzen auf.
Diese Summen bzw. Differenzen mußt du beim 1. Schritt, also wenn du die Brüche auf einen einzigen Bruchstrich schreibst, unbedingt in Klammern setzen!!
Im 2. Schritt löst du dann diese Klammern nach den folgenden Regeln auf:

1. Regel: Steht vor der Klammer ein Pluszeichen, dann darf sie ohne weiteres weggelassen werden.

Beispiel: $4x + (3y + 2z - 5) =$
$4x + 3y + 2z - 5$

2. Regel: Steht vor der Klammer ein Minuszeichen, dann darf sie nur dann weggelassen werden, wenn man gleichzeitig alle

Addition und Subtraktion bei gleichem Nenner

ursprünglich in ihr enthaltenen Pluszeichen in Minuszeichen und alle Minuszeichen in Pluszeichen verwandelt.

Beispiel: $4x-(3y+2z-5)=$
$4x-3y-2z+5$

1. Beispiel:

	$\dfrac{7x+4y}{15xy} - \dfrac{4x-9y}{15xy} =$
1. Schritt: Auf einen gemeinsamen Bruchstrich schreiben. Dabei Klammern setzen.	$\dfrac{(7x+4y)-(4x-9y)}{15xy} =$
2. Schritt: Klammern auflösen.	$\dfrac{7x+4y-4x+9y}{15xy} =$
3. Schritt: Zusammenfassen.	$\dfrac{3x+13y}{15xy}$

2. Beispiel:

	$\dfrac{4a+5b}{a+2b} + \dfrac{7a-12b}{a+2b} - \dfrac{10a+3b}{a+2b} =$
2. Schritt: Auf einen gemeinsamen Bruchstrich schreiben. Dabei Klammern setzen.	$\dfrac{(4a+5b)+(7a-12b)-(10a+3b)}{a+2b} =$
2. Schritt: Klammern auflösen.	$\dfrac{4a+5b+7a-12b-10a-3b}{a+2b} =$
3. Schritt: Zusammenfassen.	$\dfrac{a-10b}{a+2b}$

3. Beispiel:

	$\dfrac{2x+y}{4x^2-3y} + \dfrac{3x-7z}{4x^2-3y} - \dfrac{4x-3y+5z}{4x^2-3y} =$
1. Schritt: Auf einen gemeinsamen Bruchstrich schreiben. Dabei Klammern setzen.	$\dfrac{(2x+y)+(3x-7z)-(4x-3y+5z)}{4x^2-3y} =$
2. Schritt: Klammern auflösen.	$\dfrac{2x+y+3x-7z-4x+3y-5z}{4x^2-3y} =$
3. Schritt: Zusammenfassen.	$\dfrac{x+4y-12z}{4x^2-3y}$

24. Aufgabe. Berechne ebenso.

a) $\dfrac{3a-7b}{ab} + \dfrac{5a+8b}{ab}$

b) $\dfrac{5x+3y}{11xy} - \dfrac{2x-3y}{11xy}$

c) $\dfrac{5x+3y}{11xy} - \dfrac{2x+3y}{11xy}$

d) $\dfrac{3a-3b}{2a+3b} - \dfrac{a-5b}{2a+3b}$

e) $\dfrac{7x+3y-4z}{x^2+y^2} - \dfrac{3x-2y+4z}{x^2+y^2} + \dfrac{x+5y-2z}{x^2+y^2}$

f) $\dfrac{12a-13b}{5a-3b} + \dfrac{5a+16b}{5a-3b} - \dfrac{17a+3b}{5a-3b}$

g) $\dfrac{24x+13y}{(x+2y)^2} - \dfrac{17x-17y}{(x+2y)^2} - \dfrac{3x+4y}{(x+2y)^2}$

h) $\dfrac{4a^2-7ab}{2a+b} - \dfrac{3ab+4b^2}{2a+b} + \dfrac{10ab-3a^2}{2a+b}$

Sehr oft läßt sich das Ergebnis einer Additions- bzw. Subtraktionsaufgabe noch kürzen. In einem solchen Fall mußt du noch einen 4. Schritt anfügen.

1. Beispiel:

	$\dfrac{7x}{12y} + \dfrac{3x+4y}{12y} =$
1. Schritt: Auf einen gemeinsamen Bruchstrich schreiben. Dabei Klammern setzen.	$\dfrac{7x+(3x+4y)}{12y} =$
2. Schritt: Klammern auflösen.	$\dfrac{7x+3x+4y}{12y} =$
3. Schritt: Zusammenfassen.	$\dfrac{10x+4y}{12y} =$
4. Schritt: Ausklammern und Kürzen.	$\dfrac{\cancel{2}\cdot(5x+2y)}{\cancel{12}y\ 6} = \dfrac{5x+2y}{6y}$

2. Beispiel:

	$\dfrac{4x+7y}{x^2-y^2} + \dfrac{5x-3y}{x^2-y^2} - \dfrac{16y-3x}{x^2-y^2} =$
1. Schritt: Auf einen gemeinsamen Bruchstrich schreiben. Dabei Klammern setzen.	$\dfrac{(4x+7y)+(5x-3y)-(16y-3x)}{x^2-y^2} =$
2. Schritt: Klammern auflösen.	$\dfrac{4x+7y+5x-3y-16y+3x}{x^2-y^2} =$
3. Schritt: Zusammenfassen.	$\dfrac{12x-12y}{x^2-y^2} =$
4. Schritt: Kürzen.	$\dfrac{12\cancel{(x-y)}}{(x+y)\cdot\cancel{(x-y)}} = \dfrac{12}{x+y}$

Addition und Subtraktion bei nicht nennergleichen Brüchen

3. Beispiel:

	$\dfrac{17a^2+13ab}{25ab} - \dfrac{8ab-18a^2}{25ab} =$
1. Schritt: Auf einen gemeinsamen Bruchstrich schreiben. Dabei Klammern setzen.	$\dfrac{(17a^2+13ab)-(8ab-18a^2)}{25ab} =$
2. Schritt: Klammern auflösen.	$\dfrac{17a^2+13ab-8ab+18a^2}{25ab} =$
3. Schritt: Zusammenfassen.	$\dfrac{35a^2+5ab}{25ab} =$
4. Schritt. Kürzen.	$\dfrac{\cancel{5a}\cdot(7a+b)}{\underset{5}{\cancel{25ab}}} = \dfrac{7a+b}{5b}$

25. Aufgabe. Berechne und gib das Ergebnis stets in vollständig gekürzter Form an.

a) $\dfrac{5x+3y}{xy} - \dfrac{2x+3y}{xy}$

b) $\dfrac{3a-4b}{2a-b} + \dfrac{7a-b}{2a-b}$

c) $\dfrac{5a+7b}{a^2-b^2} - \dfrac{2a+4b}{a^2-b^2}$

d) $\dfrac{7x^2+5xy}{4x^2y} + \dfrac{9x^2-3xy}{4x^2y} - \dfrac{4x^2-10xy}{4x^2y}$

e) $\dfrac{12a-13b}{a^2-4b^2} - \dfrac{8a-21b}{a^2-4b^2}$

f) $\dfrac{25x+18y}{12x^2+15xy} - \dfrac{13x+3y}{12x^2+15xy}$

g) $\dfrac{15ab-7a^2}{36a^2b} - \dfrac{7ab-14a^2}{36a^2b} + \dfrac{4ab+17a^2}{36a^2b}$

h) $\dfrac{11x+13y}{9x^2-16y^2} - \dfrac{5x+8y}{9x^2-16y^2} + \dfrac{3x+7y}{9x^2-16y^2}$

g) Addition und Subtraktion bei nicht nennergleichen Bruchtermen

Brüche mit gleichem Nenner werden addiert (subtrahiert), indem man ihre Zähler addiert (subtrahiert) und den gemeinsamen Nenner beibehält.
Diese Regel hast du im 6. Schuljahr kennengelernt.
Wir haben sie im vorhergehenden Abschnitt wiederholt und auf die Addition bzw. Subtraktion von Bruch*termen* angewendet.
Brüche, deren Nenner nicht gleich sind, lassen sich grundsätzlich weder addieren noch subtrahieren. Wir müssen sie zuvor durch Erweitern nennergleich machen.

Beispiel: $\dfrac{1}{4}+\dfrac{2}{3}=$

1. Schritt: Die beiden Brüche werden durch Erweitern nennergleich gemacht.	$\dfrac{1\cdot 3}{4\cdot 3}+\dfrac{2\cdot 4}{3\cdot 4}=$
2. Schritt: Die nennergleichen Brüche werden addiert.	$\dfrac{3}{12}+\dfrac{8}{12}=\dfrac{11}{12}$

Wir haben also die beiden Brüche durch Erweitern auf den gemeinsamen Nenner 12 gebracht und dann addiert.
12 ist die kleinste Zahl, die sowohl durch 3 als auch durch 4 teilbar ist.
Man sagt: 12 ist das *kleinste gemeinsame Vielfache* von 3 und 4 und verwendet für diese Aussage die Kurzschreibweise kgV(3; 4) = 12.
Als gemeinsamen Nenner hätten wir aber auch jede andere Zahl nehmen können, die sowohl durch 3 als auch durch 4 teilbar ist, also auch jedes andere gemeinsame Vielfache von 3 und 4.
Wir hätten also auch so rechnen können:

$$\dfrac{1}{4}+\dfrac{2}{3}=\dfrac{1\cdot 6}{4\cdot 6}+\dfrac{2\cdot 8}{3\cdot 8}=\dfrac{6}{24}+\dfrac{16}{24}=\dfrac{22}{24}=\dfrac{22:2}{24:2}=\dfrac{11}{12}$$

Oder so: $\dfrac{1}{4}+\dfrac{2}{3}=\dfrac{1\cdot 15}{4\cdot 15}+\dfrac{2\cdot 20}{3\cdot 20}=\dfrac{15}{60}+\dfrac{40}{60}=\dfrac{55}{60}=\dfrac{55:5}{60:5}=\dfrac{11}{12}$

Das Ergebnis ist zwar in jedem Fall dasselbe, die Rechnung aber ist am einfachsten, wenn wir als gemeinsamen Nenner das kleinste gemeinsame Vielfache von 3 und 4 wählen.
Nicht immer ist das kleinste gemeinsame Vielfache zweier Zahlen so leicht zu finden wie das der beiden Zahlen 3 und 4. In schwierigen Fällen ist der Weg über die *Zerlegung in Primfaktoren* zu empfehlen.
Beispiel: Das kleinste gemeinsame Vielfache von 504 und 750 soll bestimmt werden.
Wir gehen davon aus, daß das gesuchte kgV von 504 und 750 alle Primfaktoren enthalten muß, die bei der Primfaktorenzerlegung von 504 und 750 auftreten. Die Lösung des Problems erfolgt dann in 2 Schritten.

1. Schritt: Wir zerlegen die beiden Zahlen in Primfaktoren:

$504 = 2 \cdot 252$
$\qquad 252 = 2 \cdot 126$
$\qquad\qquad 126 = 2 \cdot 63$
$\qquad\qquad\qquad 63 = 3 \cdot 21$
$\qquad\qquad\qquad\qquad 21 = 3 \cdot 7$

$504 = 2 \cdot 2 \cdot 2 \cdot 3 \cdot 3 \cdot 7 = 2^3 \cdot 3^2 \cdot 7$

Primfaktorenzerlegung 35

Die Primfaktorenzerlegemühle (frei nach W. Busch)

„Meister Müller, he, heran!
Mahl er das, so schnell er kann!
Zerleg er dieses, fein gemahlen,
in die Primfaktorenzahlen!"
„Her damit!" ruft Müller Kahl,
„in den Trichter mit der Zahl!"
Rickeracke! Rickeracke!
geht die Mühle mit Geknacke.
Kurz darauf und mit Gebraus'
kommen 2, 3, 5 heraus!

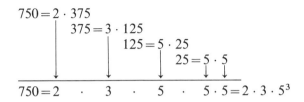

2. *Schritt*: Wir bestimmen die kleinste Zahl, deren Primfaktorenzerlegung alle Primfaktoren sowohl von 504 als auch von 750 enthält. Es ist dies die Zahl

$$2^3 \cdot 3^2 \cdot 5^3 \cdot 7 = 63\,000$$

Ergebnis: kgV(504; 750) = 63 000.

3*

In Kurzform sieht unser Verfahren so aus:

$$504 = 2 \cdot 2 \cdot 2 \cdot 3 \cdot 3 \cdot 7 = \mathbf{2^3} \cdot \mathbf{3^2} \cdot \mathbf{7^1}$$
$$750 = 2 \cdot 3 \cdot 5 \cdot 5 \cdot 5 = 2^1 \cdot 3^1 \cdot \mathbf{5^3}$$
$$\text{kgV}(504; 750) = \mathbf{2^3} \cdot \mathbf{3^2} \cdot \mathbf{5^3} \cdot \mathbf{7^1} = 63\,000$$

Und so lautet unser Rezept:
1. Zerlege die Zahlen in Primfaktoren.
2. Suche von jedem der auftretenden Primfaktoren die höchste vorkommende Potenz.
3. Multipliziere diese Potenzen miteinander.

Dieses Rezept läßt sich auch bei der Bestimmung des kleinsten gemeinsamen Vielfachen von mehr als 2 Zahlen anwenden.

1. Beispiel: kgV(18; 24; 45) = ?

$$18 = 2 \cdot 3 \cdot 3 = 2 \cdot \mathbf{3^2}$$
$$24 = 2 \cdot 2 \cdot 2 \cdot 3 = \mathbf{2^3} \cdot 3$$
$$45 = 3 \cdot 3 \cdot 5 = 3^2 \cdot \mathbf{5}$$
$$\text{kgV}(18; 24; 45) = \mathbf{2^3} \cdot \mathbf{3^2} \cdot \mathbf{5} = 360$$

2. Beispiel: kgV(24; 30; 32; 36; 40) = ?

$$24 = 2 \cdot 2 \cdot 2 \cdot 3 = 2^3 \cdot 3$$
$$30 = 2 \cdot 3 \cdot 5 = 2 \cdot 3 \cdot \mathbf{5}$$
$$32 = 2 \cdot 2 \cdot 2 \cdot 2 \cdot 2 = \mathbf{2^5}$$
$$36 = 2 \cdot 2 \cdot 3 \cdot 3 = 2^2 \cdot \mathbf{3^2}$$
$$40 = 2 \cdot 2 \cdot 2 \cdot 5 = 2^3 \cdot 5$$
$$\text{kgV}(24; 30; 32; 36; 40) = \mathbf{2^5} \cdot \mathbf{3^2} \cdot \mathbf{5} = 1440$$

Und nun verwenden wir dieses Rezept bei der Addition und bei der Subtraktion nicht nennergleicher Brüche.

Addition und Subtraktion bei nicht nennergleichen Brüchen

Beispiel:
$$\frac{5}{24} - \frac{7}{44} = ?$$

1. Schritt: Bestimmung des Hauptnenners ($= \text{kgV}(24; 44)$).

$$24 = 2 \cdot 2 \cdot 2 \cdot 3 \quad = \mathbf{2^3 \cdot 3}$$
$$44 = 2 \cdot 2 \cdot 11 \quad\quad = \mathbf{2^2 \cdot 11}$$
$$\overline{\text{HN} = \mathbf{2^3 \cdot 3 \cdot 11} \quad = 264}$$

2. Schritt: Erweitern der Brüche auf den Hauptnenner.

$$\frac{5}{24} = \frac{5 \cdot 11}{24 \cdot 11} = \frac{55}{264}$$

$$\frac{7}{44} = \frac{7 \cdot 6}{44 \cdot 6} = \frac{42}{264}$$

3. Schritt: Subtraktion der so erhaltenen nennergleichen Brüche.

$$\frac{55}{264} - \frac{42}{264} = \frac{55-42}{264} = \frac{13}{264}$$

Weitere Beispiele in Kurzform:

$$\frac{17}{45} + \frac{20}{21} = \frac{17 \cdot 7}{315} + \frac{20 \cdot 15}{315}$$
$$= \frac{119}{315} + \frac{300}{315}$$
$$= \frac{419}{315} = 1\frac{104}{315}$$

Nebenrechnung zur Bestimmung des Hauptnenners:

$$45 = 3 \cdot 3 \cdot 5 \quad = \mathbf{3^2 \cdot 5}$$
$$21 = 3 \cdot 7$$
$$\overline{\text{HN} = \mathbf{3^2 \cdot 5 \cdot 7} = 315}$$

$$\frac{15}{32} + \frac{25}{48} - \frac{11}{36} =$$
$$\frac{15 \cdot 9}{288} + \frac{25 \cdot 6}{288} - \frac{11 \cdot 8}{288} =$$
$$\frac{135}{288} + \frac{150}{288} - \frac{88}{288} = \frac{197}{288}$$

Nebenrechnung zur Bestimmung des Hauptnenners:

$$32 = 2 \cdot 2 \cdot 2 \cdot 2 \cdot 2 = \mathbf{2^5}$$
$$48 = 2 \cdot 2 \cdot 2 \cdot 2 \cdot 3 = \mathbf{2^4 \cdot 3}$$
$$36 = 2 \cdot 2 \cdot 3 \cdot 3 \quad = \mathbf{2^2 \cdot 3^2}$$
$$\overline{\text{HN} = \mathbf{2^5 \cdot 3^2} \quad\quad = 288}$$

Oft kann man die Nebenrechnung weglassen, weil sich der Hauptnenner leicht im Kopf berechnen läßt.

$$\frac{5}{6} + \frac{4}{15} + \frac{1}{2} = \frac{25 + 8 + 15}{30} = \frac{48}{30} = \frac{8}{5} = 1\frac{3}{5}$$

26. Aufgabe: Berechne und gib das Ergebnis stets in vollständig gekürzter Form an.

a) $\dfrac{7}{8}+\dfrac{3}{10}$ b) $\dfrac{4}{9}+\dfrac{5}{12}$ c) $\dfrac{13}{27}+\dfrac{11}{18}$

d) $\dfrac{29}{30}-\dfrac{29}{42}$ e) $\dfrac{53}{56}-\dfrac{31}{42}$ f) $\dfrac{15}{22}-\dfrac{5}{33}$

g) $\dfrac{25}{28}+\dfrac{17}{35}+\dfrac{11}{15}+\dfrac{7}{10}$ h) $\dfrac{17}{18}+\dfrac{13}{24}+\dfrac{28}{45}$

i) $\dfrac{2}{9}+\dfrac{5}{18}+\dfrac{17}{30}$ k) $\dfrac{16}{35}-\dfrac{4}{21}-\dfrac{4}{15}$

Wir haben die Addition bzw. Subtraktion bei nicht nennergleichen Brüchen mit voller Absicht so ausführlich wiederholt.
Die Übertragung dieses Verfahrens auf Bruch*terme* ist nämlich gar nicht so einfach.
Aber gut vorbereitet, wie wir nun durch diese ausführliche Wiederholung sind, werden wir es ohne größere Schwierigkeiten schon schaffen.

Verhältnismäßig einfach läßt sich die Summe $\dfrac{7b}{a}+\dfrac{3a}{b}$ bestimmen.

Der Hauptnenner ist in diesem Fall das Produkt der beiden Nenner a und b: $HN = a \cdot b$

Um den Bruch $\dfrac{7b}{a}$ auf den Hauptnenner zu bringen, muß man ihn mit $\boxed{b}$ erweitern: $\dfrac{7b}{a}=\dfrac{7b \cdot b}{a \cdot b}=\dfrac{7b^2}{ab}$

Um den Bruch $\dfrac{3a}{b}$ auf den Hauptnenner zu bringen, muß man ihn mit $\boxed{a}$ erweitern: $\dfrac{3a}{b}=\dfrac{3a \cdot a}{b \cdot a}=\dfrac{3a^2}{ab}$

Wir erhalten:

$$\dfrac{7b}{a}+\dfrac{3a}{b}=\dfrac{7b^2}{ab}+\dfrac{3a^2}{ab}=\dfrac{7b^2+3a^2}{ab}$$

Genau so einfach ist die Berechnung der Differenz

$$\dfrac{x-y}{y}-\dfrac{y-x}{x}$$

Auch hierbei ist der Hauptnenner das Produkt aus den beiden Nennern x und y: $HN = xy$.

Um den Bruch $\dfrac{x-y}{y}$ auf den Hauptnenner xy zu bringen, muß man ihn mit $\boxed{x}$ erweitern: $\dfrac{x-y}{y}=\dfrac{(x-y) \cdot x}{y \cdot x}=\dfrac{x^2-xy}{xy}$

Um den Bruch $\dfrac{y-x}{x}$ auf den Hauptnenner xy zu bringen, muß man ihn mit $\boxed{y}$ erweitern: $\dfrac{y-x}{x}=\dfrac{(y-x) \cdot y}{x \cdot y}=\dfrac{y^2-xy}{xy}$

Addition und Subtraktion bei ungleichen Nennern   39

Wir erhalten:

$$\frac{x-y}{y} - \frac{y-x}{x} = \frac{x^2-xy}{xy} - \frac{y^2-xy}{xy}$$

$$= \frac{(x^2-xy)-(y^2-xy)}{xy}$$

$$= \frac{x^2-xy-y^2+xy}{xy}$$

$$= \frac{x^2-y^2}{xy}$$

27. Aufgabe: Berechne ebenso.

a) $\dfrac{5x}{a} - \dfrac{3y}{b}$ b) $\dfrac{25a^2b}{x} + \dfrac{36ab^2}{y}$

c) $\dfrac{12x+5y}{y} + \dfrac{8x-3y}{x}$ d) $\dfrac{a-3b}{a} + \dfrac{3a-b}{b}$

e) $\dfrac{5x^2+2xy^2}{y} - \dfrac{3x^2y+4y^2}{x}$ f) $\dfrac{7ab+4c}{c} - \dfrac{3ac-2b}{b}$

g) $\dfrac{15x-13y}{x} + \dfrac{12x+17y}{y}$ h) $\dfrac{a^2-7b}{a\cdot b} - \dfrac{3a-15c}{c}$

Etwas komplizierter wird es nun aber bei der folgenden Aufgabe:

$$\frac{11a}{36xy^2} + \frac{9a}{24x^2y} - \frac{13a}{54x^2y}$$

1. Schritt: Wir bestimmen den Hauptnenner.
Bei gewöhnlichen Brüchen haben wir zur Bestimmung des Hauptnenners die einzelnen Nenner in Primfaktoren zerlegt.
Dieses Verfahren übertragen wir nun auf die vorliegenden Bruchterme.
Dabei behandeln wir die auftretenden Platzhalter (Buchstaben) wie Primzahlen.
Es ergibt sich:

$$36xy^2 = 2\cdot 2\cdot 3\cdot 3\cdot x\cdot y^2 = 2^2\cdot 3^2\cdot x\cdot \mathbf{y^2}$$
$$24x^2y = 2\cdot 2\cdot 2\cdot 3\cdot x^2\cdot y = \mathbf{2^3}\cdot 3\cdot \mathbf{x^2}\cdot y$$
$$54x^2y = 2\cdot 3\cdot 3\cdot 3\cdot x^2\cdot y = 2\cdot \mathbf{3^3}\cdot x^2\cdot y$$

Und nun suchen wir von jedem auftretenden "Primfaktor" die höchste vorkommende Potenz heraus.
Es sind dies:

$$2^3, 3^3, \mathbf{x^2} \text{ und } \mathbf{y^2}$$

Den gesuchten Hauptnenner erhalten wir, wenn wir diese Potenzen miteinander multiplizieren.

$$HN = \mathbf{2^3}\cdot \mathbf{3^3}\cdot \mathbf{x^2}\cdot \mathbf{y^2} = 216x^2y^2$$

2. Schritt: Wir bringen die einzelnen Brüche durch Erweitern auf den Hauptnenner.

Für den Bruch $\dfrac{11a}{36xy^2}$ gilt: Der ursprüngliche Nenner ist $36xy^2$. Der Hauptnenner ist $216x^2y^2$. Erweitert werden muß also mit $216x^2y^2 : 36xy^2 = \dfrac{\overset{6}{\cancel{216}x^{\cancel{2}}\cancel{y^2}}}{\underset{1}{\cancel{36}\cancel{x}\cancel{y^2}}} = 6x$	$\dfrac{11a \cdot 6x}{36xy^2 \cdot 6x} = \dfrac{66ax}{216x^2y^2}$
Für den Bruch $\dfrac{9a}{24x^2y}$ gilt: Der ursprüngliche Nenner ist $24x^2y$. Der Hauptnenner ist $216x^2y^2$. Erweitert werden muß also mit $216x^2y^2 : 24x^2y = \dfrac{\overset{9}{\cancel{216}\cancel{x^2}y^{\cancel{2}}}}{\underset{1}{\cancel{24}\cancel{x^2}\cancel{y}}} = 9y$	$\dfrac{9a \cdot 9y}{24x^2y \cdot 9y} = \dfrac{81ay}{216x^2y^2}$
Für den Bruch $\dfrac{13a}{54x^2y}$ gilt: Der ursprüngliche Nenner ist $54x^2y$. Der Hauptnenner ist $216x^2y^2$. Erweitert werden muß also mit $216x^2y^2 : 54x^2y = \dfrac{\overset{4}{\cancel{216}\cancel{x^2}y^{\cancel{2}}}}{\underset{1}{\cancel{54}\cancel{x^2}\cancel{y}}} = 4y$	$\dfrac{13a \cdot 4y}{54x^2y \cdot 4y} = \dfrac{52ay}{216x^2y^2}$

Addition und Subtraktion bei ungleichen Nennern

3. Schritt: Wir schreiben die erweiterten Brüche auf einen gemeinsamen Bruchstrich und fassen den Zähler soweit wie möglich zusammen.

$$\frac{66ax + 81ay - 52ay}{216x^2y^2} = \frac{66ax + 29ay}{216x^2y^2}$$

Weitere Beispiele in Kurzform.

1. Beispiel:

$$\frac{5x}{24ab^3} - \frac{7y}{40a^2b} + \frac{5z}{18ab^2}$$

1. Schritt: Bestimmung des Hauptnenners durch Primfaktorenzerlegung.

$$\begin{aligned} 24ab^3 &= 2 \cdot 2 \cdot 2 \cdot 3 \cdot a \cdot b^3 = \mathbf{2^3} \cdot 3 \cdot a \cdot \mathbf{b^3} \\ 40a^2b &= 2 \cdot 2 \cdot 2 \cdot 5 \cdot a^2 \cdot b = \mathbf{2^3} \cdot \mathbf{5} \cdot \mathbf{a^2} \cdot b \\ 18ab^2 &= 2 \cdot 3 \cdot 3 \cdot a \cdot b^2 \;\;\;\; = 2 \cdot \mathbf{3^2} \cdot a \cdot b^2 \\ \hline \text{HN} &= \mathbf{2^3} \cdot \mathbf{3^2} \cdot \mathbf{5} \cdot \mathbf{a^2} \cdot \mathbf{b^3} = 360a^2b^3 \end{aligned}$$

2. Schritt: Erweitern.

Der 1. Bruch wird erweitert mit $360a^2b^3 : 24ab^3 = \dfrac{360a^2b^3}{24ab^3} = 15a$	$\dfrac{5x \cdot 15a}{24ab^3 \cdot 15a} = \dfrac{75ax}{360a^2b^3}$
Der 2. Bruch wird erweitert mit $360a^2b^3 : 40a^2b = \dfrac{360a^2b^3}{40a^2b} = 9b^2$	$\dfrac{7y \cdot 9b^2}{40a^2b \cdot 9b^2} = \dfrac{63b^2y}{360a^2b^3}$
Der 3. Bruch wird erweitert mit $360a^2b^3 : 18ab^2 = \dfrac{360a^2b^3}{18ab^2} = 20ab$	$\dfrac{5z \cdot 20ab}{18ab^2 \cdot 20ab} = \dfrac{100abz}{360a^2b^3}$

3. Schritt: Die erweiterten Brüche auf einen gemeinsamen Bruchstrich schreiben und den Zähler soweit wie möglich zusammenfassen.

$$\frac{75ax - 63b^2y + 100abz}{360a^2b^3}$$

In diesem Fall läßt sich der Zähler nicht weiter zusammenfassen!

2. Beispiel:

$$\frac{2x+3y}{4xy^2} + \frac{x-2y}{10x^2y} - \frac{4-y}{25xy}$$

1. Schritt: Bestimmung des Hauptnenners durch Primfaktorenzerlegung.

$$4xy^2 = 2 \cdot 2 \cdot x \cdot y^2 \quad = \mathbf{2^2} \cdot x \cdot \mathbf{y^2}$$
$$10x^2 y = 2 \cdot 5 \cdot \mathbf{x^2} \cdot y$$
$$\underline{25xy \;\; = 5 \cdot 5 \cdot x \cdot y \quad = \mathbf{5^2} \cdot x \cdot y}$$
$$HN \;\; = \mathbf{2^2} \cdot \mathbf{5^2} \cdot \mathbf{x^2} \cdot \mathbf{y^2} = 100x^2 y^2$$

2. Schritt: Erweitern.

Der 1. Bruch wird erweitert mit $100x^2y^2 : 4xy^2 = \dfrac{100x^2y^2}{4xy^2} = \boxed{25x}$	$\dfrac{(2x+3y) \cdot 25x}{4xy^2 \cdot 25x} = \dfrac{50x^2 + 75xy}{100x^2y^2}$
Der 2. Bruch wird erweitert mit $100x^2y^2 : 10x^2y = \dfrac{100x^2y^2}{10x^2y} = \boxed{10y}$	$\dfrac{(x-2y) \cdot 10y}{10x^2y \cdot 10y} = \dfrac{10xy - 20y^2}{100x^2y^2}$
Der 3. Bruch wird erweitert mit $100x^2y^2 : 25xy = \dfrac{100x^2y^2}{25xy} = \boxed{4xy}$	$\dfrac{(4-y) \cdot 4xy}{25xy \cdot 4xy} = \dfrac{16xy - 4xy^2}{100x^2y^2}$

3. Schritt: Die erweiterten Brüche auf einen gemeinsamen Bruchstrich schreiben (Klammern nicht vergessen!) und den Zähler soweit wie möglich zusammenfassen.

$$\frac{(50x^2 + 75xy) + (10xy - 20y^2) - (16xy - 4xy^2)}{100x^2y^2}$$
$$= \frac{50x^2 + 75xy + 10xy - 20y^2 - 16xy + 4xy^2}{100x^2y^2}$$
$$= \frac{50x^2 + 69xy - 20y^2 + 4xy^2}{100x^2y^2}$$

28. Aufgabe: Berechne ebenso.

a) $\dfrac{5a}{9x^2y} + \dfrac{7b}{12xy^2}$ 　　　b) $\dfrac{5x}{21yz} - \dfrac{3y}{14xz} + \dfrac{11z}{9xy}$

c) $\dfrac{3a+5b}{6ab^3} + \dfrac{7a-3b}{15a^2b^2} - \dfrac{a+2b}{21a^3b}$ 　　　d) $\dfrac{4x}{15z} - \dfrac{8z}{75y} - \dfrac{3y}{25x}$

e) $\dfrac{a+b}{24x^2y^2} - \dfrac{2a-3b}{4xy} - \dfrac{a-b}{12x}$ 　　　f) $\dfrac{11a}{18b^2} + \dfrac{9a}{2b} - \dfrac{13a}{9b}$

g) $\dfrac{a-b}{5a^2b^2} + \dfrac{b-a}{3ab} - \dfrac{a-b}{10b^2}$ 　　　h) $\dfrac{x-11y}{6x^2y^2} + \dfrac{5x}{8xy} - \dfrac{7x-4y}{10y^2}$

i) $\dfrac{2a-b}{21ab} - \dfrac{a+b}{14ab}$ 　　　k) $\dfrac{5x+3}{7x^2y^3} + \dfrac{3y-5}{5xy^2} - \dfrac{2x+3y}{42x^2y}$

Bei den bisherigen Beispielen und Aufgaben waren die auftretenden Nenner stets Platzhalter oder Produkte aus Platzhaltern und Zahlen. Anders ist das bei dieser Aufgabe:

$$\frac{3x+5y}{x^2+xy} - \frac{2x-3y}{x^2-y^2} + \frac{x-2y}{x^2-2xy+y^2}$$

Nenner sind Summen bzw. Differenzen

Hier traten in den einzelnen Nenner Summen bzw. Differenzen auf. Wie soll man denn da nun wohl den Hauptnenner bestimmen?
Bisher haben wir zur Bestimmung des Hauptnenners die einzelnen Nenner in Produkte zerlegt, deren Faktoren Primzahlen oder Platzhalter waren.
Da dieses Verfahren recht erfolgreich war, wollen wir versuchen, es sinngemäß auf den jetzt vorliegenden Fall zu übertragen.
Zwar können wir die hier auftretenden Nenner nicht in Produkte aus Primzahlen und Platzhaltern zerlegen, aber als Produkte schlechthin können wir sie allemal schreiben:
Der Nenner des 1. Bruches ist $x^2 + xy$. Er läßt sich durch Ausklammern von x in ein Produkt verwandeln:

$$x^2 + xy = x \cdot (x+y).$$

Der Nenner des 2. Bruches ist $x^2 - y^2$. Er läßt sich unter Verwendung der 3. binomischen Formel in ein Produkt verwandeln:

$$x^2 - y^2 = (x+y) \cdot (x-y).$$

Der Nenner des 3. Bruches ist $x^2 - 2xy + y^2$. Er läßt sich unter Verwendung der 2. binomischen Formel in ein Produkt verwandeln:

$$x^2 - 2xy + y^2 = (x-y)^2.$$

Und da haben wir nun tatsächlich so etwas ähnliches wie eine Primfaktorenzerlegung vorgenommen, denn die jetzt noch als Faktoren auftretenden Summen bzw. Differenzen lassen sich nicht weiter in Produkte zerlegen.
Und so sieht unsere "Primfaktorenzerlegung" in Tabellenform aus:

$$x^2 + xy = \mathbf{x} \cdot \mathbf{(x+y)}$$
$$x^2 - y^2 = \mathbf{(x+y)} \cdot \mathbf{(x-y)}$$
$$x^2 - 2xy + y^2 = \mathbf{(x-y)^2}$$

Nun brauchen wir nur noch von jedem auftretenden "Primfaktor" die höchste vorkommende Potenz herauszusuchen. Es sind dies:

$$\mathbf{x, (x+y)} \quad \text{und} \quad \mathbf{(x-y)^2}.$$

Den gesuchten Hauptnenner erhalten wir, wenn wir diese Terme miteinander multiplizieren:

$$HN = \mathbf{x} \cdot \mathbf{(x+y)} \cdot \mathbf{(x-y)^2}$$

Nachdem wir nun den Hauptnenner gefunden haben, können wir uns daran machen, die einzelnen Brüche durch Erweitern auf diesen Hauptnenner zu bringen.

Für den 1. Bruch $\frac{3x+5y}{x^2+xy}$ gilt: Der ursprüngliche Nenner ist $x^2+xy = x \cdot (x+y)$. Der Hauptnenner ist $x \cdot (x+y) \cdot (x-y)^2$. Erweitert werden muß also mit $[x \cdot (x+y) \cdot (x-y)^2] : [x \cdot (x+y)] =$ $\frac{\cancel{x} \cdot \cancel{(x+y)} \cdot (x-y)^2}{\cancel{x} \cdot \cancel{(x+y)}} = (x-y)^2$	$\frac{(3x+5y) \cdot (x-y)^2}{x \cdot (x+y) \cdot (x-y)^2} = \frac{(3x+5y) \cdot (x^2-2xy+y^2)}{x \cdot (x+y) \cdot (x-y)^2} =$ $\frac{3x^3 - 6x^2y + 3xy^2 + 5x^2y - 10xy^2 + 5y^3}{x \cdot (x+y) \cdot (x-y)^2} =$ $\frac{3x^3 - x^2y - 7xy^2 + 5y^3}{x \cdot (x+y) \cdot (x-y)^2}$
Für den 2. Bruch $\frac{2x-3y}{x^2-y^2}$ gilt: Der ursprüngliche Nenner ist $x^2 - y^2 = (x+y) \cdot (x-y)$. Der Hauptnenner ist $x \cdot (x+y) \cdot (x-y)^2$. Erweitert werden muß also mit $[x \cdot (x+y) \cdot (x-y)^2] : [(x+y) \cdot (x-y)] =$ $\frac{x \cdot \cancel{(x+y)} \cdot (x-y)^{\cancel{2}}}{\cancel{(x+y)} \cdot \cancel{(x-y)}} = x \cdot (x-y)$	$\frac{(2x-3y) \cdot x \cdot (x-y)}{(x^2-y^2) \cdot x \cdot (x-y)} =$ $\frac{2x^3 - 2x^2y - 3x^2y + 3xy^2}{x \cdot (x+y) \cdot (x-y)^2} =$ $\frac{2x^3 - 5x^2y + 3xy^2}{x \cdot (x+y) \cdot (x-y)^2}$
Für den 3. Bruch $\frac{x-2y}{x^2-2xy+y^2}$ gilt: Der ursprüngliche Nenner ist $x^2 - 2xy + y^2 = (x-y)^2$. Der Hauptnenner ist $x \cdot (x+y) \cdot (x-y)^2$ Erweitert werden muß also mit $[x \cdot (x+y) \cdot (x-y)^2] : [(x-y)^2] =$ $\frac{x \cdot (x+y) \cdot \cancel{(x-y)^2}}{\cancel{(x-y)^2}} = x \cdot (x+y)$	$\frac{(x-2y) \cdot x \cdot (x+y)}{(x^2-2xy+y^2) \cdot x \cdot (x+y)} =$ $\frac{x^3 + x^2y - 2x^2y - 2xy^2}{x \cdot (x+y) \cdot (x-y)^2} = \frac{x^3 - x^2y - 2xy^2}{x \cdot (x+y) \cdot (x-y)^2}$

Nun schreiben wir die erweiterten Brüche auf einen gemeinsamen Bruchstrich (Klammern nicht vergessen!!):

$$\frac{(3x^3 - x^2y - 7xy^2 + 5y^3) - (2x^3 - 5x^2y + 3xy^2) + (x^3 - x^2y - 2xy^2)}{x \cdot (x+y) \cdot (x-y)^2}$$

Im nächsten Arbeitsgang lösen wir die Klammern nach den bekannten Regeln auf:

$$\frac{3x^3 - x^2y - 7xy^2 + 5y^3 - 2x^3 + 5x^2y - 3xy^2 + x^3 - x^2y - 2xy^2}{x \cdot (x+y) \cdot (x-y)^2}$$

Und schließlich fassen wir den Zähler soweit wie möglich zusammen:

$$\frac{2x^3+3x^2y-12xy^2+5y^3}{x \cdot (x+y) \cdot (x-y)^2}$$

Da sich dieser Bruchterm nicht weiter kürzen läßt, stellt er das endgültige Ergebnis unserer Aufgabe dar.

Weitere Beispiele.

1. Beispiel: $\quad \dfrac{5x-6y}{4x+4y} - \dfrac{2x-y}{3x-3y} - \dfrac{x^2-37xy+28y^2}{12x^2-12y^2}$

1. Schritt: Bestimmung des Hauptnenners

$$4x+4y = 2 \cdot 2 \cdot (x+y) = \mathbf{2^2 \cdot (x+y)}$$
$$3x-3y = \mathbf{3(x-y)}$$
$$12x^2-12y^2 = 12 \cdot (x^2-y^2) = \mathbf{2^2 \cdot 3 \cdot (x+y) \cdot (x-y)}$$

$$\overline{\text{HN} = \mathbf{2^2 \cdot 3 \cdot (x+y) \cdot (x-y)} = 12(x+y) \cdot (x-y)}$$

2. Schritt: Erweitern.

Der 1. Bruch wird erweitert mit $[12 \cdot (x+y) \cdot (x-y)] : [4 \cdot (x+y)] =$ $\dfrac{\overset{3}{\cancel{12}(x+y)(x-y)}}{\cancel{4(x+y)}} = 3 \cdot (x-y)$	$\dfrac{(5x-6y) \cdot 3 \cdot (x-y)}{4(x+y) \cdot 3 \cdot (x-y)} =$ $\dfrac{15x^2-33xy+18y^2}{12 \cdot (x+y) \cdot (x-y)}$
Der 2. Bruch wird erweitert mit $[12 \cdot (x+y) \cdot (x-y)] : [3 \cdot (x-y)] =$ $\dfrac{\overset{4}{\cancel{12} \cdot (x+y) \cdot \cancel{(x-y)}}}{\cancel{3} \cdot \cancel{(x-y)}} = 4 \cdot (x+y)$	$\dfrac{(2x-y) \cdot 4 \cdot (x+y)}{3 \cdot (x-y) \cdot 4 \cdot (x+y)} =$ $\dfrac{8x^2+4xy-4y^2}{12 \cdot (x+y) \cdot (x-y)}$
Der 3. Bruch braucht nicht erweitert zu werden, denn sein Nenner ist ja der Hauptnenner.	$\dfrac{x^2-37xy+28y^2}{12 \cdot (x+y) \cdot (x-y)}$

3. Schritt: Die erweiterten Brüche auf einen gemeinsamen Bruchstrich schreiben, den Zähler zusammenfassen, kürzen.

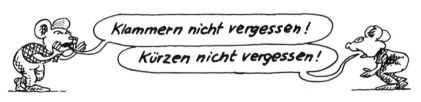

$$\frac{(15x^2-33xy+18y^2)-(8x^2+4xy-4y^2)-(x^2-37xy+28y^2)}{12\cdot(x+y)\cdot(x-y)}=$$

$$\frac{15x^2-33xy+18y^2-8x^2-4xy+4y^2-x^2+37xy-28y^2}{12\cdot(x+y)\cdot(x-y)}=$$

$$\frac{6x^2-6y^2}{12\cdot(x+y)\cdot(x-y)}=\frac{6\cdot(x^2-y^2)}{12\cdot(x+y)\cdot(x-y)}=\frac{\cancel{6}\cdot\cancel{(x+y)}\cdot\cancel{(x-y)}}{\underset{2}{\cancel{12}}\cdot\cancel{(x+y)}\cdot\cancel{(x-y)}}=\frac{1}{2}$$

2. Beispiel:

$$\frac{a}{ab-b^2}-\frac{b}{a^2-ab}+\frac{a+b}{2ab}$$

1. Schritt: Bestimmung des Hauptnenners

$$\begin{aligned}ab-b^2&=b\cdot\mathbf{(a-b)}\\a^2-ab&=a\cdot(a-b)\\2ab&=\mathbf{2\cdot a\cdot b}\\\hline HN&=\mathbf{2\cdot a\cdot b\cdot(a-b)}\end{aligned}$$

2. Schritt: Erweitern.

Der 1. Bruch wird erweitert mit $[2\cdot a\cdot b\cdot(a-b)]:[b\cdot(a-b)]=$ $\frac{2\cdot a\cdot \cancel{b}\cdot\cancel{(a-b)}}{\cancel{b}\cdot\cancel{(a-b)}}=2a$	$\frac{a\cdot 2a}{(ab-b^2)\cdot 2a}=\frac{2a^2}{2ab(a-b)}$
Der 2. Bruch wird erweitert mit $[2\cdot a\cdot b\cdot(a-b)]:[a\cdot(a-b)]=$ $\frac{2\cdot \cancel{a}\cdot b\cdot\cancel{(a-b)}}{\cancel{a}\cdot\cancel{(a-b)}}=2b$	$\frac{b\cdot 2b}{(a^2-ab)\cdot 2b}=\frac{2b^2}{2ab(a-b)}$
Der 3. Bruch wird erweitert mit $[2\cdot a\cdot b\cdot(a-b)]:[2\cdot a\cdot b]=$ $\frac{\cancel{2}\cdot\cancel{a}\cdot\cancel{b}\cdot(a-b)}{\cancel{2}\cdot\cancel{a}\cdot\cancel{b}}=a-b$	$\frac{(a+b)\cdot(a-b)}{2ab\cdot(a-b)}=\frac{a^2-b^2}{2ab(a-b)}$

3. Schritt: Auf einen gemeinsamen Bruchstrich schreiben, zusammenfassen, kürzen.

$$\frac{2a^2-2b^2+(a^2-b^2)}{2ab(a-b)}=\frac{2a^2-2b^2+a^2-b^2}{2ab(a-b)}=$$

$$\frac{3a^2-3b^2}{2ab(a-b)}=\frac{3(a^2-b^2)}{2ab(a-b)}=\frac{3\cdot(a+b)\cdot\cancel{(a-b)}}{2ab\cancel{(a-b)}}=\frac{3(a+b)}{2ab}$$

Nenner sind Summen bzw. Differenzen

3. Beispiel:
$$\frac{x+3}{x+2} - \frac{x-5}{x+3} - \frac{x}{x^2+4x+4}$$

1. Schritt: Bestimmung des Hauptnenners.

$\begin{aligned} x+2 &= x+2 \\ x+3 &= x+3 \\ x^2+4x+4 &= (x+2)^2 \end{aligned}$ Die Nenner des 1. und 2. Bruches lassen sich nicht in Produkte verwandeln!

$$HN = (x+3) \cdot (x+2)^2$$

2. Schritt: Erweitern.

Der 1. Bruch wird erweitert mit $[(x+3) \cdot (x+2)^2] : (x+2) =$ $\frac{(x+3) \cdot (x+2)^2}{(x+2)} = (x+3) \cdot (x+2)$	$\frac{(x+3) \cdot (x+3) \cdot (x+2)}{(x+2) \cdot (x+3) \cdot (x+2)} =$ $\frac{x^3 + 8x^2 + 21x + 18}{(x+3) \cdot (x+2)^2}$
Der 2. Bruch wird erweitert mit $[(x+3) \cdot (x+2)^2] : (x+3) =$ $\frac{(x+3) \cdot (x+2)^2}{(x+3)} = (x+2)^2$	$\frac{(x-5) \cdot (x+2)^2}{(x+3) \cdot (x+2)^2} =$ $\frac{x^3 - x^2 - 16x - 20}{(x+3) \cdot (x+2)^2}$
Der 3. Bruch wird erweitert mit $[(x+3) \cdot (x+2)^2] : [(x+2)^2] =$ $\frac{(x+3) \cdot (x+2)^2}{(x+2)^2} = x+3$	$\frac{x \cdot (x+3)}{(x+2)^2 \cdot (x+3)} =$ $\frac{x^2 + 3x}{(x+2)^2 \cdot (x+3)}$

3. Schritt: Auf einen gemeinsamen Bruchstrich schreiben (Klammern nicht vergessen!) und zusammenfassen.

$$\frac{(x^3+8x^2+21x+18) - (x^3-x^2-16x-20) - (x^2+3x)}{(x+3) \cdot (x+2)^2} =$$

$$\frac{x^3+8x^2+21x+18-x^3+x^2+16x+20-x^2-3x}{(x+3) \cdot (x+2)^2} =$$

$$\frac{8x^2+34x+38}{(x+3) \cdot (x+2)^2}$$

Da dieser Bruchterm sich nicht kürzen läßt, stellt er das endgültige Ergebnis der Aufgabe dar.

4. Beispiel:
$$\frac{3a-2b}{a+3} + \frac{5b-a}{a+5}$$

1. Schritt: Bestimmung des Hauptnenners.
Keiner der beiden Nenner läßt sich in ein Produkt verwandeln.
Hauptnenner ist folglich das Produkt der beiden Nenner:
$$HN = (a+3) \cdot (a+5)$$

2. Schritt: Erweitern.

Der 1. Bruch wird erweitert mit $[(a+3) \cdot (a+5)] : (a+3) =$ $\frac{(\cancel{a+3}) \cdot (a+5)}{(\cancel{a+3})} = a+5$	$\frac{(3a-2b) \cdot (a+5)}{(a+3) \cdot (a+5)} =$ $\frac{3a^2 + 15a - 2ab - 10b}{(a+3) \cdot (a+5)}$
Der 2. Bruch wird erweitert mit $[(a+3) \cdot (a+5)] : (a+5) =$ $\frac{(a+3) \cdot (\cancel{a+5})}{(\cancel{a+5})} = a+3$	$\frac{(5b-a) \cdot (a+3)}{(a+5) \cdot (a+3)} =$ $\frac{5ab + 15b - a^2 - 3a}{(a+3) \cdot (a+5)}$

3. Schritt: Auf einen gemeinsamen Bruchstrich schreiben und zusammenfassen.

$$\frac{(3a^2 + 15a - 2ab - 10b) + (5ab + 15b - a^2 - 3a)}{(a+3) \cdot (a+5)} =$$
$$\frac{2a^2 + 12a + 3ab + 5b}{(a+3) \cdot (a+5)}$$

29. Aufgabe: Berechne ebenso und gib das Ergebnis stets in vollständig gekürzter Form an.

a) $\dfrac{a-1}{a+1} + \dfrac{a+1}{a-1}$ b) $\dfrac{a+1}{a-1} - \dfrac{a-1}{a+1}$

c) $\dfrac{3x+1}{x+1} + \dfrac{x^2-5x}{x^2-1}$ d) $\dfrac{5}{a+b} - \dfrac{4}{a-b} + \dfrac{9b}{a^2-b^2}$

e) $\dfrac{3}{x+1} - \dfrac{2}{x-1} + \dfrac{6}{x^2-1}$ f) $\dfrac{15a-3b}{6 \cdot (a-2b)} - \dfrac{7a-2b}{4 \cdot (a-2b)}$

g) $\dfrac{25a-17b}{3a+6b} - \dfrac{18a+3b}{5a+10b}$ h) $\dfrac{3a+5b}{45a+12b} + \dfrac{3a-2b}{30a+8b}$

i) $\dfrac{5}{a^2-b^2} - \dfrac{3}{ab-b^2}$ k) $\dfrac{a-b}{(a+b)^2} + \dfrac{b}{a^2+ab}$

l) $\dfrac{a+b}{(a-b)^2} + \dfrac{b}{a^2-ab}$ m) $\dfrac{x^2+y^2-z^2}{x^2+x} - \dfrac{x^2-y^2+z^2}{x^2-x}$

n) $\dfrac{a^2+ab+b}{a^2-ax} + \dfrac{b+ab-a^2}{ax-x^2} - a$ o) $\dfrac{y}{x^2+xy} - \dfrac{x-y}{(x+y)^2}$

p) $\dfrac{8a^2+18b^2}{4a^2-9b^2} - \dfrac{2a+3b}{2a-3b} + \dfrac{2a-3b}{2a+3b}$ q) $\dfrac{3x+2y}{x^2+2xy+y^2} - \dfrac{4x+y}{x^2-y^2} + \dfrac{5x-3y}{x^2-2xy+y^2}$

r) $\dfrac{x-y}{x+y} + \dfrac{x^2+y^2}{x^2-y^2} - \dfrac{x^2-y^2}{x^2+2xy+y^2}$ s) $\dfrac{a-b}{a+b} + \dfrac{a^2+b^2}{a^2-b^2} - \dfrac{a^2+b^2}{a^2-2ab+b^2}$

Zwischentest

Mit dem folgenden Test kannst du selbständig überprüfen, ob du den Umgang mit Bruchtermen beherrscht, und ob du dich mit Aussicht auf Erfolg an die nun folgenden Abschnitte über Bruchgleichungen und Bruchungleichungen heranwagen kannst.
Mehr als 2 Fehler pro Aufgabenblock sollten dir dabei nicht unterlaufen. Andernfalls mußt du die entsprechenden Abschnitte noch einmal durcharbeiten.

1. Bringe die folgenden Bruchterme durch Erweitern auf die in Klammern angegebenen Nenner.

a) $\frac{5a}{9b}$; $(63ab^2)$ 　　　　b) $\frac{12a^2}{23b}$; $(115a^2b^2)$

c) $\frac{3x+7y}{2x+5y}$; $(4x^2-25y^2)$ 　　　　d) $\frac{4a-b}{3a+2b}$; $(12a+8b)$

e) $\frac{x-5y}{4x-3y}$; $(12x^2y-9xy^2)$

2. Kürze vollständig.

a) $\frac{72a^2b^3}{96a^3b^2}$ 　　　　b) $\frac{12ab-36a^2}{8ab}$ 　　　　c) $\frac{4x+3y}{16x^2-9y^2}$

d) $\frac{25a^2+30ab+9b^2}{40a^2b^2+24ab^3}$ 　　　　e) $\frac{4x+1}{32x^2-2}$

3. Multipliziere und gib das Ergebnis in vollständig gekürzter Form an.

a) $\frac{24a^2b^3}{35xy^4} \cdot \frac{14x^2y^2}{56a^3b^2}$ 　　　　b) $\frac{x+y}{6x^2-9xy} \cdot \frac{3x}{x^2-y^2}$

c) $\frac{a^2+2ab+b^2}{15a^2b} \cdot \frac{25ab^3}{a+b}$ 　　　　d) $\frac{3a^2+6ab+3b^2}{4a^2-b^2} \cdot \frac{4a+2b}{a+b}$

e) $\frac{4a-12}{35a+7} \cdot \frac{25a^2-1}{3a-9} \cdot \frac{7a}{15a-3}$

4. Dividiere und gib das Ergebnis in vollständig gekürzter Form an.

a) $\frac{18ab}{a^2-b^2} : \frac{12a}{a+b}$ 　　　　b) $\frac{x^2-2xy+y^2}{x+2y} : \frac{x-y}{x^2-4y^2}$

c) $\frac{4a^2-9b^2}{3a-6b} : \frac{2a+3b}{a-2b}$ 　　　　d) $\frac{a^2+6ab+9b^2}{(a+b)^2} : (4a^2-36b^2)$

e) $\frac{a^2-5ab}{a+2b} : \frac{a-5b}{a^2-4b^2}$

5. Berechne und gib das Ergebnis in vollständig gekürzter Form an.

a) $\dfrac{7a}{36x^3y} + \dfrac{13b}{42xy^3} - \dfrac{17c}{30x^2y}$

b) $\dfrac{15a-3b}{a-b} + \dfrac{7a^2+12b^2}{a^2-b^2} - \dfrac{a-4b}{a+b}$

c) $\dfrac{5x+2y}{3x+3y} + \dfrac{6x-y}{5x+5y} - \dfrac{2x-3y}{12x+12y}$

d) $\dfrac{3a+2b}{5a^2-5a} - \dfrac{2a-3b}{a^2b^2+ab^2} + \dfrac{5a-b}{a^3-a}$

e) $\dfrac{2x+5}{2x^2+8x+8} + \dfrac{7-3x}{4x^2-16x+16} - \dfrac{4x-3}{25x^2-100}$

2. Kapitel

Bruchgleichungen

a) *Einführung*

Bei der Gleichung $\dfrac{24}{x-3}=8$

tritt die Gleichungsvariable x im Nenner eines Bruches auf. Solche Gleichungen bezeichnet man als *Bruchgleichungen*. Weitere Beispiele für Bruchgleichungen sind:

$$\frac{5x-3}{x+5}=\frac{3}{x-2}$$

$$\frac{x-3}{3x+5}+\frac{3x}{2x-4}=\frac{7-x}{x^2-9}$$

$$\frac{3x-5}{(x-2)^2}+\frac{4-x}{3x-15}-\frac{12}{0{,}5x+3}=0$$

Du weißt: Zu jeder Gleichung gehört eine Grundmenge, die mit dem Buchstabensymbol G bezeichnet wird.

In der *Grund*menge sind diejenigen Zahlen zusammengefaßt, die man *grund*sätzlich an die Stelle des Platzhalters x setzen darf.

Wenn nicht ausdrücklich etwas anderes vereinbart wird, dann nehmen wir als Grundmenge stets die Menge Q der rationalen Zahlen.

Setzt man nun irgendeine Zahl aus der Grundmenge G an die Stelle des Platzhalters x, so wird die Gleichung zu einer Aussage, die entweder falsch ist oder wahr.

Setzt man beispielsweise in der Gleichung $\dfrac{24}{x-3}=8$ für x die Zahl 5 ein, so erhält man die *falsche* Aussage

$$\frac{24}{5-3}=8$$

Man sagt: Die Zahl 5 erfüllt *nicht* die Gleichung $\dfrac{24}{x-3}=8$.

Setzt man dagegen für x die Zahl 6 ein, so erhält man die *wahre* Aussage

$$\frac{24}{6-3}=8$$

Man sagt: Die Zahl 6 erfüllt die Gleichung $\dfrac{24}{x-3}=8$.

Eine "Gleichung lösen" bedeutet nichts anderes, als aus der Grundmenge G diejenigen Zahlen herauszufinden, die die gegebene Gleichung erfüllen. Diese Zahlen faßt man zur sogenannten *Lösungsmenge* zusammen, die mit dem Buchstabensymbol L bezeichnet wird.
Die Lösungsmenge L ist stets eine Teilmenge der Grundmenge G

$$L \subseteq G$$

Das heißt: Jedes Element der Lösungsmenge muß auch ein Element der Grundmenge sein.
Oder mit anderen Worten: Eine Zahl, die nicht in der Grundmenge ist, kann auch nicht in der Lösungsmenge sein.

b) Bestimmung der Definitionsmenge einer Bruchgleichung

Bei den Gleichungen, die du bisher im Unterricht kennengelernt hast, konntest du grundsätzlich *jede* Zahl aus der Grundmenge an die Stelle des Platzhalters x setzen.
Zwar erhieltest du in den allermeisten Fällen dabei eine falsche Aussage, aber auch eine falsche Aussage ist ja schließlich eine Aussage.
Anders ist das aber zum Beispiel bei der Bruchgleichung

$$\frac{24}{x-3} = 8$$

Wenn du hierbei an die Stelle des Platzhalters x die in der Grundmenge Q enthaltene Zahl 3 setzen wolltest, dann würdest du damit eine mathematische Katastrophe auslösen.
Im Nenner des Bruches stünde dann nämlich 3−3 und das ist bekanntlich gleich Null.
Und bereits in der 5. und 6. Klasse hast du mit allem Nachdruck eingetrichtert bekommen:

"Durch Null darf man nicht teilen!"

oder, was gleichbedeutend damit ist:

"Der Nenner eines Bruches darf niemals Null sein!"

Um eine derartige Katastrophe bei der Bruchgleichung $\frac{24}{x-3} = 8$ zu vermeiden, nehmen wir aus der Grundmenge Q die gefährliche Zahl 3 heraus.
Was dann übrig bleibt, beschreiben wir mit dem Symbol Q\{3} (gelesen "Q ohne 3") und bezeichnen es als *Definitionsmenge* D der gegebenen Bruchgleichung.

Es gilt also:

$$D = Q \setminus \{3\}.$$

Bestimmung der Definitionsmenge

Bei der Bruchgleichung

$$\frac{5x-3}{x+5} = \frac{3}{x-2}$$

müssen wir gleich zwei gefahrbringende Zahlen aus der Grundmenge Q herauswerfen.
Der Nenner des linken Bruches wird Null für $x = -5$.
Der Nenner des rechten Bruches wird Null für $x = 2$.
Also dürfen wir für den Platzhalter x weder die Zahl -5 noch die Zahl 2 einsetzen.
Somit erhalten wir die Definitionsmenge dieser Bruchgleichung, wenn wir aus der Grundmenge Q die Zahlen -5 und 2 herausstreichen.
Wir schreiben dafür:

$$D = Q \backslash \{-5; 2\}.$$

Nicht ganz so einfach läßt sich die Definitionsmenge der Bruchgleichung

$$\frac{x-3}{3x+5} - \frac{3x}{2x-4} = \frac{7-x}{4x^2-9}$$

bestimmen.
Wenn wir wissen wollen, für welchen Wert von x der Nenner des 1. Bruches Null wird, dann müssen wir die Gleichung $3x+5=0$ lösen:

$$\begin{aligned} 3x+5 &= 0 \quad \| -5 \\ 3x &= -5 \quad \| :3 \\ x &= -\tfrac{5}{3} \end{aligned}$$

Wenn wir wissen wollen, für welchen Wert von x der Nenner des 2. Bruches Null wird, dann müssen wir die Gleichung $2x-4=0$ lösen:

$$\begin{aligned} 2x-4 &= 0 \quad \| +4 \\ 2x &= 4 \quad \| :2 \\ x &= 2 \end{aligned}$$

Und wenn wir schließlich wissen wollen, für welchen Wert von x der Nenner des 3. Bruches Null wird, dann müssen wir die Gleichung $4x^2-9=0$ lösen.
Im Gegensatz zu allen bisher behandelten Gleichungen taucht hierbei die Gleichungsvariable x in der 2. Potenz auf, also als "x-Quadrat". Solche Gleichungen bezeichnet man als *quadratische Gleichungen*. Zwar werden quadratische Gleichungen erst im 9. Schuljahr behandelt, aber einige einfache Typen kann man auch schon einem Schüler des 8. Schuljahres zumuten.

Und zu einem solchen einfachen Typ gehört die vorliegende quadratische Gleichung $4x^2 - 9 = 0$.
Gemäß der 3. binomischen Formel

$$a^2 - b^2 = (a + b) \cdot (a - b)$$

gilt: $\quad 4x^2 - 9 = (2x+3) \cdot (2x-3)$.

Damit können wir die Gleichung $4x^2 - 9 = 0$ auch in der Form

$$(2x+3) \cdot (2x-3) = 0$$

schreiben.

Zu ihrer Lösungsmenge führt uns schrittweise die folgende Überlegung:

Die linke Seite dieser Gleichung ist das Produkt aus den beiden Faktoren $(2x+3)$ und $(2x-3)$. Der Wert dieses Produktes soll 0 sein.	$(2x+3) \cdot (2x-3) = 0$
Der Wert eines Produktes ist nur dann 0, wenn mindestens einer der Faktoren 0 ist. Im vorliegenden Fall muß also der 1. Faktor oder der 2. Faktor 0 sein.	$2x+3=0 \quad$ oder $\quad 2x-3=0$
Der 1. Faktor ist 0 für $x = -\frac{3}{2}$. Der 2. Faktor ist 0 für $x = \frac{3}{2}$.	$2x=-3 \quad$ oder $\quad 2x=3$ $x=-\frac{3}{2} \quad$ oder $\quad x=\frac{3}{2}$

Um die Definitionsmenge der gegebenen Bruchgleichung zu erhalten, müssen wir nun die Lösungen der drei Gleichungen $3x+5=0$, $2x-4=0$ und $4x^2-9=0$ aus der Grundmenge Q herausnehmen. Wir erhalten:

$$D = Q \setminus \left\{ -\frac{5}{3};\ 2;\ -\frac{3}{2};\ +\frac{3}{2} \right\}$$

Und so haben wir's gemacht:

$$\frac{x-3}{3x+5} + \frac{3x}{2x-4} = \frac{7-x}{4x^2-9}; \qquad D = Q \setminus \left\{ \frac{3}{2};\ -\frac{3}{2};\ 2;\ -\frac{5}{3} \right\}$$

$\downarrow \qquad\qquad \downarrow \qquad\qquad \downarrow$

$3x+5 = 0 \qquad 2x-4=0 \qquad 4x^2-9=0$

$3x = -5 \qquad\quad 2x=4 \qquad (2x+3) \cdot (2x-3) = 6$

$x = -\frac{5}{3} \qquad\quad x=2 \qquad x=-\frac{3}{2} \quad$ oder $\quad x=\frac{3}{2}$

Bestimmung der Lösungsmenge

Weitere Beispiele.

1. Beispiel: Bestimme die Definitionsmenge der Bruchgleichung

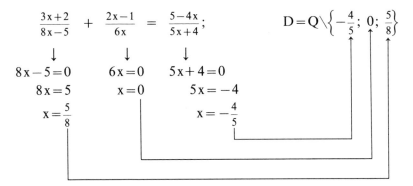

2. Beispiel: Bestimme die Definitionsmenge der Bruchgleichung

$$\frac{x+2}{3x+4} + \frac{x-2}{6x-8} = \frac{2x-3}{9x^2-16}; \qquad D = Q\setminus\left\{\frac{4}{3}; -\frac{4}{3}\right\}$$

$$\begin{array}{lll}
\downarrow & \downarrow & \downarrow \\
3x+4=0 & 6x-8=0 & 9x^2-16=0 \\
3x=-4 & 6x=8 & (3x+4)\cdot(3x-4)=0 \\
x=-\dfrac{4}{3} & x=\dfrac{8}{6} & 3x+4=0 \text{ oder } 3x-4=0 \\
 & x=\dfrac{4}{3} & 3x=-4 \text{ oder } 3x=4 \\
 & & x=-\dfrac{4}{3} \text{ oder } x=\dfrac{4}{3}
\end{array}$$

1. Aufgabe: Bestimme ebenso die Definitionsmengen der folgenden Bruchgleichungen.

a) $\dfrac{3x}{x+1} = \dfrac{5x}{x-2}$

b) $\dfrac{5}{x+1} - \dfrac{3}{x-1} = \dfrac{7}{x^2-1}$

c) $\dfrac{3x+3}{x-4} + \dfrac{4-x}{x+5} = \dfrac{3}{x^2-16} - \dfrac{5}{6x}$

d) $\dfrac{3x}{2-x} + \dfrac{5x}{2x+5} = \dfrac{4x-7}{x^2-4}$

e) $\dfrac{x-5}{16x^2-9} = \dfrac{6x-3}{4x+3} - \dfrac{3x-6}{8x-5}$

f) $\dfrac{5}{x+1} + \dfrac{7}{x} = \dfrac{3}{5x-1} - \dfrac{8}{(x+1)^2}$

c) Bestimmung der Lösungsmenge einer Bruchgleichung

Gegeben ist die Bruchgleichung

$$\frac{x+3}{x-5} = \frac{x-2}{x-6}; \quad G = Q$$

Zur Bestimmung ihrer Lösungsmenge gehen wir schrittweise vor:

1. Schritt: Bestimmung der Definitionsmenge.	$D = Q \setminus \{5; 6\}$
2. Schritt: Wir multiplizieren beide Seiten der Gleichung mit dem Nenner des linken Bruches, also mit $x-5$. Wir schreiben die Faktoren auf einen gemeinsamen Bruchstrich und kürzen. Dadurch verschwindet der Nenner des linken Bruches.	$\dfrac{x+3}{x-5} = \dfrac{x-2}{x-6} \quad \| \cdot (x-5)$ $\dfrac{x+3}{x-5} \cdot (x-5) = \dfrac{x-2}{x-6} \cdot (x-5)$ $\dfrac{(x+3) \cdot (x-5)}{(x-5)} = \dfrac{(x-2) \cdot (x-5)}{(x-6)}$ $x+3 = \dfrac{(x-2) \cdot (x-5)}{(x-6)}$
3. Schritt: Wir multiplizieren beide Seiten der Gleichung mit dem Nenner des rechten Bruches, also mit $x-6$. Wir schreiben die Faktoren auf einen gemeinsamen Bruchstrich und kürzen. Dadurch verschwindet der Nenner des rechten Bruches.	$x+3 = \dfrac{(x-2) \cdot (x-5)}{(x-6)} \quad \| \cdot (x-6)$ $(x+3) \cdot (x-6) = \dfrac{(x-2) \cdot (x-5)}{(x-6)} \cdot (x-6)$ $(x+3) \cdot (x-6) = \dfrac{(x-2) \cdot (x-5) \cdot (x-6)}{(x-6)}$ $(x+3) \cdot (x-6) = (x-2) \cdot (x-5)$
4. Schritt: Wir formen die so erhaltene nennerfreie Gleichung nach den bekannten Regeln um.	$x^2 + 3x - 6x - 18 = x^2 - 2x - 5x + 10$ $x^2 - 3x - 18 = x^2 - 7x + 10 \quad \| - x^2$ $-3x - 18 = -7x + 10 \quad \| + 7x + 18$ $4x = 28 \quad \| : 4$ $x = 7$
5. Schritt: Wir prüfen nach, ob das so erhaltene Ergebnis in der Definitionsmenge enthalten ist.	Die Zahl 7 ist in der Definitionsmenge enthalten: $7 \in D$. Also kann sie in die Lösungsmenge übernommen werden.
6. Schritt: Wir schreiben die Lösungsmenge auf.	$L = \{7\}$
7. Schritt: Wir führen die Probe durch.	linke Seite | rechte Seite $\dfrac{7+3}{7-5} = \dfrac{10}{2} = 5 \;\underline{\underline{\;}}\; \dfrac{7-2}{7-6} = \dfrac{5}{1} = 5$

Die entscheidenden Schritte bei der Bestimmung der Lösungsmenge waren die Multiplikationen beider Seiten der gegebenen Bruchgleichung mit den beiden Nennern. Wir führen sie im folgenden Beispiel in einem einzigen Schritt aus.

Bestimmung der Lösungsmenge

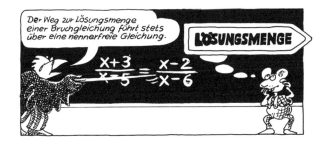

Bestimmt werden soll die Lösungsmenge der Bruchgleichung

$$\frac{16x-27}{4x-3} = \frac{8x+3}{2x+15}$$

1. Schritt: Wir bestimmen die Definitionsmenge.	$4x-3=0 \quad 2x+15=0$ $4x=3 \quad\quad 2x=-15$ $x=\dfrac{3}{4} \quad\quad x=-\dfrac{15}{2}$ $D = Q \setminus \{\dfrac{3}{4};\ -\dfrac{15}{2}\}$
2. Schritt: Wir multiplizieren beide Seiten der Gleichung mit den beiden Nennern und kürzen.	$\dfrac{16x-27}{4x-3} = \dfrac{8x+3}{2x+15} \quad \| \cdot (4x-3) \cdot (2x+15)$ $\dfrac{(16x-27) \cdot \cancel{(4x-3)} \cdot (2x+15)}{\cancel{(4x-3)}} =$ $\dfrac{(8x+3) \cdot (4x-3) \cdot \cancel{(2x+15)}}{\cancel{(2x+15)}}$ $(16x-27) \cdot (2x+15) = (8x+3) \cdot (4x-3)$
3. Schritt: Wir formen die so erhaltene nennerfreie Gleichung um.	$32x^2 + 186x - 405 = 32x^2 - 12x - 9 \quad \| -32x^2$ $186x - 405 = -12x - 9 \quad \| +12x+405$ $198x = 396 \quad \| :198$ $x = 2$
4. Schritt: Wir überprüfen, ob dieses Ergebnis in der Definitionsmenge enthalten ist und schreiben die Lösungsmenge auf.	Die Zahl 2 ist in der Definitionsmenge enthalten: $2 \in D$. Also kann sie in die Lösungsmenge übernommen werden: $L = \{2\}$.
5. Schritt: Wir führen die Probe durch.	linke Seite | rechte Seite $\dfrac{16 \cdot 2 - 27}{4 \cdot 2 - 3} = \dfrac{32-27}{8-3} =$ | $\dfrac{8 \cdot 2 + 3}{2 \cdot 2 + 15} = \dfrac{16+3}{4+15} =$ $\dfrac{5}{5} = \underline{\underline{1}}$ | $\dfrac{19}{19} = \underline{\underline{1}}$

Daß der 4. Schritt durchaus nicht überflüssig ist und deshalb niemals weggelassen werden darf, zeigt dir das folgende Beispiel.
Gesucht ist die Lösungsmenge der Bruchgleichung

$$\frac{2x+3}{6x+5} = \frac{2x-7}{6x-21}$$

1. Schritt: Wir bestimmen die Definitionsmenge.	$6x+5=0 \qquad 6x-21=0$ $6x=-5 \qquad 6x=21$ $x=-\frac{5}{6} \qquad x=\frac{21}{6}$ $\phantom{x=-\frac{5}{6} \qquad }x=\frac{7}{2}$ $D = Q \setminus \{-\frac{5}{6}; \frac{7}{2}\}$
2. Schritt: Wir multiplizieren beide Seiten der Gleichung mit den beiden Nennern und kürzen.	$\frac{2x+3}{6x+5} = \frac{2x-7}{6x-21} \quad \| \cdot (6x+5) \cdot (6x-21)$ $\frac{(2x+3) \cdot \cancel{(6x+5)} \cdot (6x-21)}{\cancel{(6x+5)}} = \frac{(2x-7) \cdot (6x+5) \cdot \cancel{(6x-21)}}{\cancel{(6x-21)}}$ $(2x+3) \cdot (6x-21) = (2x-7) \cdot (6x+5)$
3. Schritt: Wir formen die so erhaltene nennerfreie Gleichung um.	$12x^2 - 24x - 63 = 12x^2 - 32x - 35 \quad \| -12x^2$ $-24x - 63 = -32x - 35 \quad \| +32x+63$ $8x = 28 \quad \| :8$ $x = \frac{28}{8}$ $x = \frac{7}{2}$
4. Schritt: Wir überprüfen, ob dieses Ergebnis in der Definitionsmenge enthalten ist, und schreiben die Lösungsmenge auf.	Die Zahl $\frac{7}{2}$ ist *nicht* in der Definitionsmenge enthalten: $\frac{7}{2} \notin D$ Die Lösungsmenge ist folglich leer: $L = \{\ \}$

Der *5. Schritt*, also die Probe, erübrigt sich in diesem Fall.

Weitere Beispiele.

1. Beispiel:

$$\frac{4x}{3x+5} = \frac{8x-5}{6x}$$

Bestimmung der Lösungsmenge

1. Schritt: Definitionsmenge.	$3x+5=0 \qquad 6x=0$ $3x=-5 \qquad x=0$ $x=-\dfrac{5}{3}$ $D=Q\setminus\{-\dfrac{5}{3};\,0\}$
2. Schritt: Multiplizieren und kürzen.	$\dfrac{4x}{3x+5}=\dfrac{8x-5}{6x} \quad \|\cdot(3x+5)\cdot 6x$ $\dfrac{4x\cdot\cancel{(3x+5)}\cdot 6x}{\cancel{(3x+5)}}=\dfrac{(8x-5)\cdot(3x+5)\cdot\cancel{6x}}{\cancel{6x}}$ $4x\cdot 6x=(8x-5)\cdot(3x+5)$
3. Schritt: Umformen.	$24x^2=24x^2+25x-25 \quad \|-24x^2$ $0=25x-25 \quad \|+25$ $25=25x \quad \|:25$ $1=x$
4. Schritt: Lösungsmenge.	$1\in D$ $L=\{1\}$
5. Schritt: Probe.	linke Seite $\;\|\;$ rechte Seite $\dfrac{4\cdot 1}{3\cdot 1+5}=\dfrac{4}{8} \quad\Big|\quad \dfrac{8\cdot 1-5}{6\cdot 1}=\dfrac{3}{6}$ $=\underline{\underline{\dfrac{1}{2}}} \qquad\qquad =\underline{\underline{\dfrac{1}{2}}}$

2. Beispiel: $\quad \dfrac{2x-3}{3x-5}-\dfrac{6x-11}{9x-17}=0$

1. Schritt: Definitionsmenge.	$3x-5=0 \qquad 9x-17=0$ $3x=5 \qquad\quad 9x=17$ $x=\dfrac{5}{3} \qquad\quad x=\dfrac{17}{9}$ $D=Q\setminus\{\dfrac{5}{3};\,\dfrac{17}{9}\}$
2. Schritt: Multiplizieren und kürzen.	$\dfrac{2x-3}{3x-5}-\dfrac{6x-11}{9x-17}=0 \quad \|\cdot(3x-5)\cdot(9x-17)$ $\dfrac{(2x-3)\cdot\cancel{(3x-5)}\cdot(9x-17)}{\cancel{(3x-5)}}$ $-\dfrac{(6x-11)\cdot(3x-5)\cdot\cancel{(9x-17)}}{\cancel{(9x-17)}}=0$ $(2x-3)\cdot(9x-17)-(6x-11)\cdot(3x-5)=0$

3. Schritt: Umformen; dabei keinesfalls vergessen, die ausgerechneten Produkte zunächst in Klammern zu setzen.	$[18x^2 - 61x + 51] - [18x^2 - 63x + 55] = 0$ $18x^2 - 61x + 51 - 18x^2 + 63x - 55 = 0$ $2x - 4 = 0$ $2x = 4$ $x = 2$
4. Schritt: Lösungsmenge.	$2 \in D$ $L = \{2\}$
5. Schritt: Probe.	linke Seite $\quad\quad$ rechte Seite $\dfrac{2 \cdot 2 - 3}{3 \cdot 2 - 5} - \dfrac{6 \cdot 2 - 11}{9 \cdot 2 - 17} =$ $\quad\quad$ $\underline{\underline{0}}$ $\dfrac{1}{1} - \dfrac{1}{1} = \underline{\underline{0}}$

3. Beispiel:
$$\frac{5x-5}{x+7} + \frac{3x-7}{4-x} = 2$$

1. Schritt: Definitionsmenge.	$x + 7 = 0 \quad\quad 4 - x = 0$ $x = -7 \quad\quad\quad 4 = x$ $D = Q \setminus \{-7; 4\}$
2. Schritt: Multiplizieren; dabei keinesfalls vergessen, auch die 2 auf der rechten Seite mit den beiden Nenner zu multiplizieren.	$\dfrac{5x-5}{x+7} + \dfrac{3x-7}{4-x} = 2 \quad \| \cdot (x+7) \cdot (4-x)$ $\dfrac{(5x-5) \cdot (x+7) \cdot (4-x)}{(x+7)} + \dfrac{(3x-7) \cdot (x+7) \cdot (4-x)}{(4-x)}$ $= 2 \cdot (x+7) \cdot (4-x)$ $(5x-5) \cdot (4-x) + (3x-7) \cdot (x+7)$ $= 2 \cdot (x+7) \cdot (4-x)$
3. Schritt: Umformen.	$[25x - 5x^2 - 20] + [3x^2 + 14x - 49]$ $= -2x^2 - 6x + 56$ $-2x^2 + 39x - 69 = -2x^2 - 6x + 56 \quad \| + 2x^2$ $39x - 69 = -6x + 56 \quad \| + 6x + 69$ $45x = 125 \quad \| : 45$ $x = \dfrac{125}{45}$ $x = \dfrac{25}{9}$

4. *Schritt*: Lösungsmenge.	$\dfrac{25}{9} \in D$ $L = \left\{\dfrac{25}{9}\right\}$	
5. *Schritt*: Probe.	linke Seite	rechte Seite
	$\dfrac{5 \cdot \frac{25}{9} - 5}{\frac{25}{9} + 7} + \dfrac{3 \cdot \frac{25}{9} - 7}{4 - \frac{25}{9}} =$ $\dfrac{\frac{125}{9} - \frac{45}{9}}{\frac{25}{9} + \frac{63}{9}} + \dfrac{\frac{75}{9} - \frac{63}{9}}{\frac{36}{9} - \frac{25}{9}} =$ $\dfrac{\frac{80}{9}}{\frac{88}{9}} + \dfrac{\frac{12}{9}}{\frac{11}{9}} =$ $\dfrac{80}{88} + \dfrac{12}{11} =$ $\dfrac{10}{11} + \dfrac{12}{11} =$ $\dfrac{22}{11} \underline{\underline{= 2}}$	$\underline{\underline{2}}$

2. Aufgabe: Bestimme ebenso die Definitions- und Lösungsmengen der folgenden Bruchgleichungen. Mache jeweils auch die Probe.

a) $\dfrac{1}{x-3} = \dfrac{2}{x-1}$

b) $\dfrac{x-3}{x-4} - \dfrac{x}{x-2} = 0$

c) $\dfrac{2x+5}{2x} = \dfrac{x+4}{x-3}$

d) $\dfrac{3x-7}{x-4} = \dfrac{3x-19}{x+7}$

e) $\dfrac{x}{9x-1} = \dfrac{1}{8}$

f) $\dfrac{4x}{3x+5} = \dfrac{8x-5}{6x}$

g) $\dfrac{x+3}{x-5} + \dfrac{2-x}{x-6} = 0$

h) $\dfrac{x-9}{x-5} + \dfrac{x-5}{x-8} = 2$

i) $\dfrac{3x-19}{x-13} + \dfrac{5x-25}{x-7} = 8$

k) $\dfrac{2x-1}{x+3} = \dfrac{6x-13}{3x+11}$

l) $\dfrac{x-16}{x-17} = 2 + \dfrac{x-14}{9-x}$

m) $\dfrac{3x-23}{17-2x} = \dfrac{49-6x}{4x-31}$

Gelegentlich kann es vorkommen, daß in einer Bruchgleichung drei verschiedene Bruchterme auftreten.
Um in einem solchen Fall eine nennerfreie Gleichung zu erhalten, mußt du die beiden Seiten der Bruchgleichung mit allen drei Nennern multiplizieren.

Bruchgleichungen

Beispiel:
$$\frac{2}{x+3} = \frac{3}{x+4} - \frac{1}{x+1}$$

1. Schritt: Definitionsmenge.	$D = \mathbb{Q} \setminus \{-3; -4; -1\}$
2. Schritt: Multiplizieren und kürzen.	$\frac{2}{x+3} = \frac{3}{x+4} - \frac{1}{x+1} \quad \| \cdot (x+3) \cdot (x+4) \cdot (x+1)$ $\frac{2 \cdot \cancel{(x+3)} \cdot (x+4) \cdot (x+1)}{\cancel{(x+3)}} = \frac{3 \cdot (x+3) \cdot \cancel{(x+4)} \cdot (x+1)}{\cancel{(x+4)}}$ $\qquad - \frac{(x+3) \cdot (x+4) \cdot \cancel{(x+1)}}{\cancel{(x+1)}}$ $2 \cdot (x+4) \cdot (x+1) = 3 \cdot (x+3) \cdot (x+1) - (x+3) \cdot (x+4)$
3. Schritt: Umformen (Klammern nicht vergessen!).	$2x^2 + 10x + 8 = [3x^2 + 12x + 9] - [x^2 + 7x + 12]$ $2x^2 + 10x + 8 = 3x^2 + 12x + 9 - x^2 - 7x - 12$ $2x^2 + 10x + 8 = 2x^2 + 5x - 3 \quad \| -2x^2$ $10x + 8 = 5x - 3 \quad \| -5x - 8$ $5x = -11 \quad \| :5$ $x = -\frac{11}{5}$
4. Schritt: Lösungsmenge.	$-\frac{11}{5} \in D$ $L = \{-\frac{11}{5}\}$
5. Schritt: Probe.	linke Seite: $\frac{2}{-\frac{11}{5}+3} = \frac{2}{-\frac{11}{5}+\frac{15}{5}} = \frac{2}{\frac{4}{5}} = \frac{10}{4} = \frac{5}{2}$ rechte Seite: $\frac{3}{-\frac{11}{5}+4} - \frac{1}{-\frac{11}{5}+1} = \frac{3}{\frac{9}{5}} - \frac{1}{-\frac{6}{5}} = \frac{15}{9} + \frac{5}{6} = \frac{30}{18} + \frac{15}{18} = \frac{45}{18} = \frac{5}{2}$

3. Aufgabe: Bestimme ebenso die Definitions- und Lösungsmengen der folgenden Bruchgleichungen. Mache jeweils auch die Probe.

a) $\frac{3}{x-7} + \frac{1}{x-9} = \frac{4}{x-8}$
b) $\frac{2}{x+3} + \frac{1}{x+1} = \frac{3}{x+4}$

c) $\frac{6}{x} - \frac{5}{x-2} = \frac{1}{x-1}$
d) $\frac{2}{x-1} + \frac{3}{x-2} = \frac{20}{4x-7}$

e) $\dfrac{9}{x-5} - \dfrac{5}{x-9} + \dfrac{28}{45-7x} = 0$ f) $\dfrac{2}{2x-5} - \dfrac{9}{3x-5} + \dfrac{4}{2x-15} = 0$

g) $\dfrac{x-5}{x-8} + \dfrac{x-1}{x-7} = \dfrac{4x-12}{2x-15}$ h) $\dfrac{6}{x-5} + \dfrac{4}{x-1} = \dfrac{1}{x-7} + \dfrac{9}{x-3}$

Die bisherigen Beispiele und Übungsaufgaben haben dir gezeigt: Der Weg zur Lösungsmenge einer Bruchgleichung führt stets über eine nennerfreie Gleichung.
Bisher haben wir die Bruchgleichungen stets dadurch nennerfrei gemacht, daß wir ihre beiden Seiten mit allen auftretenden Nennern multiplizierten.
Dieses Verfahren führt in *allen Fällen* zum Ziel!
In zahlreichen Fällen geht es aber einfacher, wie das folgende Beispiel zeigt.
Gegeben ist die Bruchgleichung

$$\dfrac{x-2}{2x-10} - \dfrac{x+2}{3x-15} = 3 + \dfrac{9-5x}{4x-20}$$

Bereits beim *1. Schritt*, also bei der Bestimmung der Definitionsmenge, fällt auf, daß *nur eine einzige Zahl* aus der Grundmenge Q herausgenommen werden muß, obwohl doch *drei* verschiedene Nenner auftreten. Alle drei Nenner werden beim Einsetzen derselben Zahl, nämlich der Zahl 5, zu Null, wie die folgenden Rechnungen zeigen:

$2x - 10 = 0$ $3x - 15 = 0$ $4x - 20 = 0$
$2x = 10$ $3x = 15$ $4x = 20$
$x = 5$ $x = 5$ $x = 5$

Für die Definitionsmenge gilt also:

$$D = Q \setminus \{5\}$$

Das Ziel des *2. Schrittes* ist es, die Bruchgleichung in eine *nennerfreie* Gleichung umzuwandeln.
Bisher erreichten wir dieses Ziel, indem wir beide Seiten der Bruchgleichung mit allen auftretenden Nennern multiplizierten. Dabei ließen sich die einzelnen Nenner wegkürzen.
Dasselbe Ziel, nämlich die Beseitigung der Nenner, erreichen wir aber auch, wenn wir beide Seiten mit dem *Hauptnenner* der auftretenden Bruchterme multiplizieren. Schließlich ist ja jeder einzelne Nenner im Hauptnenner enthalten. Folglich läßt sich also jeder Nenner gegen den Hauptnenner wegkürzen.
Wir bestimmen also zunächst den Hauptnenner der drei in unserer Bruchgleichung auftretenden Bruchterme. Wie man das macht, hast

du im Abschnitt "Addition und Subtraktion bei nicht nennergleichen Bruchtermen" (S. 33ff.) gelernt.

$$2x - 10 = 2 \cdot (x - 5)$$
$$3x - 15 = 3 \cdot (x - 5)$$
$$4x - 20 = 4 \cdot (x - 5) = 2^2 \cdot (x - 5)$$
$$\overline{\text{HN} = 2^2 \cdot 3 \cdot (x - 5) = 12 \cdot (x - 5)}$$

Und nun multiplizieren wir beide Seiten der gegebenen Bruchgleichung mit dem Hauptnenner. Wir erhalten:

$$\frac{x-2}{2x-10} - \frac{x+2}{3x-15} = 3 + \frac{9-5x}{4x-20} \quad \| \cdot 12 \cdot (x-5)$$

$$\frac{(x-2) \cdot \overset{6}{\cancel{12} \cdot \cancel{(x-5)}}}{\cancel{2} \cdot \cancel{(x-5)}} - \frac{(x+2) \cdot \overset{4}{\cancel{12} \cdot \cancel{(x-5)}}}{\cancel{3} \cdot \cancel{(x-5)}} = 3 \cdot 12 \cdot (x-5) + \frac{(9-5x) \cdot \overset{3}{\cancel{12} \cdot \cancel{(x-5)}}}{\cancel{4} \cdot \cancel{(x-5)}}$$

$$(x-2) \cdot 6 - (x+2) \cdot 4 = 3 \cdot 12 \cdot (x-5) + (9-5x) \cdot 3$$

Wenn wir nun im 3. *Schritt* die nennerfreie Gleichung umformen, dann müssen wir die ausgerechneten Produkte zunächst in Klammern setzen:

$$[6x - 12] - [4x + 8] = [36x - 180] + [27 - 15x]$$
$$6x - 12 - 4x - 8 = 36x - 180 + 27 - 15x$$
$$2x - 20 = 21x - 153 \quad \| -2x + 153$$
$$133 = 19x \quad \| :19$$
$$7 = x$$

Im 4. *Schritt* kontrollieren wir nun wie bisher, ob die so erhaltene Zahl in der Definitionsmenge enthalten ist, und schreiben die Lösungsmenge auf. Es gilt:

$$7 \in D$$

Und daraus folgt: $\quad L = \{7\}$.

Als 5. *Schritt* führen wir nun noch die Probe durch:

linke Seite	rechte Seite
$\dfrac{7-2}{14-10} - \dfrac{7+2}{21-15} =$	$3 + \dfrac{9-35}{28-20} =$
$\dfrac{5}{4} - \dfrac{9}{6} =$	$3 - \dfrac{26}{8} =$
$\dfrac{5}{4} - \dfrac{6}{4} = -\dfrac{1}{4}$	$3 - \dfrac{13}{4} = -\dfrac{1}{4}$

Bestimmung der Lösungsmenge

Damit haben wir nun ein ganz allgemein verwendbares Rezept für die Lösung von Bruchgleichungen erhalten.

1. Schritt: Man bestimme die Definitionsmenge.
2. Schritt: Man multipliziere beide Seiten der Bruchgleichung mit dem Hauptnenner.
3. Schritt: Man forme die so erhaltene nennerfreie Gleichung um.
4. Schritt: Man prüfe nach, ob das Ergebnis des 3. Schrittes in der Definitionsmenge enthalten ist und schreibe die Lösungsmenge auf.
5. Schritt: Man mache die Probe.

Und wenn du nun zurückschaust auf die Bruchgleichungen, die du in den Aufgaben 2 und 3 gelöst hast, dann wirst du feststellen, daß du genau dieses Rezept bisher schon immer angewandt hast. Bei allen diesen Aufgaben war nämlich der Hauptnenner gleich dem Produkt der einzelnen Nenner.

Weitere Beispiele.

1. Beispiel:

$$\frac{5-x}{x+4} + \frac{5+x}{x-4} = \frac{72}{x^2-16}$$

1. Schritt: Definitionsmenge.	$x+4=0 \qquad x-4=0 \qquad x^2-16 \qquad =0$ $x=-4 \qquad x=4 \qquad (x+4)\cdot(x-4) \quad =0$ $\qquad\qquad\qquad\qquad\qquad\qquad x+4=0 \text{ oder } x-4=0$ $\qquad\qquad\qquad\qquad\qquad\qquad x=-4 \text{ oder } \qquad x=4$ $D = Q \setminus \{-4; 4\}$
2. Schritt: Hauptnenner bestimmen.	$x+4 = x+4$ $x-4 = x-4$ $x^2-16 = (x+4)\cdot(x-4)$ $HN = (x+4)\cdot(x-4)$

3. Schritt: Nennerfrei machen.	$\frac{5-x}{x+4}+\frac{5+x}{x-4}=\frac{72}{x^2-16}$ ‖ $\cdot(x+4)\cdot(x-4)$ $\frac{(5-x)\cdot\cancel{(x+4)}\cdot(x-4)}{\cancel{(x+4)}}+\frac{(5+x)\cdot(x+4)\cdot\cancel{(x-4)}}{\cancel{(x-4)}}=\frac{72\cdot\cancel{(x+4)}\cdot\cancel{(x-4)}}{\cancel{(x+4)}\cdot\cancel{(x-4)}}$ $(5-x)\cdot(x-4)+(5+x)\cdot(x+4)=72$
4. Schritt: Umformen.	$[5x-20-x^2+4x]+[5x+20+x^2+4x]=72$ $18x=72$ ‖ $:18$ $x=4$
5. Schritt: Lösungsmenge.	$4\notin D$ $L=\{\ \}$

2. Beispiel:

$$\frac{7}{2x^2-x}-\frac{8}{2x^2+x}=\frac{3}{4x^2-1}$$

1. Schritt: Definitions- menge.	$\begin{array}{l\|l\|l} 2x^2-x=0 & 2x^2+x=0 & 4x^2-1=0 \\ x\cdot(2x-1)=0 & x\cdot(2x+1)=0 & (2x+1)\cdot(2x-1)=0 \\ x=0\text{ oder }2x-1=0 & x=0\text{ oder }2x+1=0 & 2x+1=0\text{ oder }2x-1=0 \\ x=0\text{ oder }x=\frac{1}{2} & x=0\text{ oder }x=-\frac{1}{2} & x=-\frac{1}{2}\text{ oder }x=\frac{1}{2} \end{array}$ $D=Q\setminus\{-\frac{1}{2};0;\frac{1}{2}\}$
2. Schritt: Haupt- nenner bestimmen.	$2x^2-x=x\cdot(2x-1)$ $2x^2+x=x\cdot(2x+1)$ $\underline{4x^2-1=(2x+1)\cdot(2x-1)}$ $HN=x\cdot(2x+1)\cdot(2x-1).$
3. Schritt: Nennerfrei machen.	$\frac{7}{2x^2-x}-\frac{8}{2x^2+x}=\frac{3}{4x^2-1}$ ‖ $\cdot(2x+1)\cdot(2x-1)\cdot x$ $\frac{7\cdot\cancel{x}\cdot(2x+1)\cdot\cancel{(2x-1)}}{\cancel{x}\cdot\cancel{(2x-1)}}-\frac{8\cdot\cancel{x}\cdot\cancel{(2x+1)}\cdot(2x-1)}{\cancel{x}\cdot\cancel{(2x+1)}}$ $=\frac{3\cdot x\cdot\cancel{(2x+1)}\cdot\cancel{(2x-1)}}{\cancel{(2x+1)}\cdot\cancel{(2x-1)}}$ $7\cdot(2x+1)-8\cdot(2x-1)=3x$
4. Schritt: Umformen.	$(14x+7)-(16x-8)=3x$ $14x+7-16x+8=3x$ $15-2x=3x$ ‖ $+2x$ $15=5x$ ‖ $:5$ $3=x$

5. Schritt: Lösungsmenge.		$3 \in D$ $L = \{3\}$
6. Schritt: Probe.	linke Seite	rechte Seite
	$\dfrac{7}{2 \cdot 9 - 3} - \dfrac{8}{2 \cdot 9 + 3} =$ $\dfrac{7}{15} - \dfrac{8}{21} =$ $\dfrac{49}{105} - \dfrac{40}{105} =$ $\dfrac{9}{105} = \dfrac{3}{\underline{\underline{35}}}$	$\dfrac{3}{4 \cdot 9 - 1} = \dfrac{3}{\underline{\underline{35}}}$

4. Aufgabe: Bestimme ebenso die Definitions- und Lösungsmengen der folgenden Bruchgleichungen. Mache jeweils auch die Probe.

a) $\dfrac{7}{x-2} - \dfrac{5}{x+2} = \dfrac{30}{x^2-4}$
b) $\dfrac{3}{3x+4} + \dfrac{35}{9x^2-16} = \dfrac{14}{3x-4}$

c) $\dfrac{2x+4}{5x+3} - \dfrac{x-5}{15x+9} = \dfrac{x+11}{3x-2}$
d) $\dfrac{3}{4x+6} - \dfrac{1}{2x-3} = \dfrac{7}{8x^2-18}$

e) $\dfrac{3x-7}{x-7} - \dfrac{13x}{5x-35} = \dfrac{21-6x}{5x-35}$
f) $\dfrac{2}{x-2} + \dfrac{5}{x+3} = \dfrac{31}{(x-2) \cdot (x+3)}$

g) $\dfrac{x-1}{8x-16} - \dfrac{3}{40x-80} = \dfrac{x-1}{5x-10}$
h) $\dfrac{1-11x}{1-2x} - \dfrac{3-8x}{2-3x} = \dfrac{7-17x}{4-6x}$

i) $\dfrac{39}{16x^2-25} - \dfrac{15}{4x-5} + \dfrac{52}{4x+5} = 0$
k) $\dfrac{14}{2x+7} = \dfrac{1}{2x-7} - \dfrac{5-x}{4x^2-49}$

l) $\dfrac{3x^2+10x+2}{x+2} - \dfrac{3x^2+5x+4}{x-2} + \dfrac{7x^2+5x+15}{x^2-4} = 0$

m) $\dfrac{5x+4}{x+2} - \dfrac{3x^2+5x+4}{x^2-4} = \dfrac{6-7x}{x-2} + 9$
n) $\dfrac{2x+1}{6x+8} + \dfrac{2x+5}{9x-12} = \dfrac{5x^2+4x+7}{9x^2-16}$

o) $\dfrac{1}{x+6} + \dfrac{1}{x-6} = \dfrac{12}{x^2-36}$
p) $\dfrac{x-2}{2x-10} - \dfrac{x+2}{3x-15} = \dfrac{9-5x}{4x-20} + 3$

q) $\dfrac{9x+4}{3x-12} + \dfrac{3-12x}{4x+16} = \dfrac{25 \cdot (2x+1)}{2x^2-32}$
r) $\dfrac{2x+4}{2x+3} - \dfrac{2x}{2x-3} + \dfrac{6}{4x^2-9} = 0$

s) $\dfrac{1}{5x+2} + \dfrac{3}{6+15x} = \dfrac{7}{10+25x}$
t) $\dfrac{5x+7}{x+3} - \dfrac{12x-4}{9x+3} = \dfrac{11}{3}$

u) $\dfrac{3x+2}{2x-1} + \dfrac{x+1}{6x+3} = 2 - \dfrac{4x^2-22x-11}{12x^2-3}$
v) $\dfrac{9x-7}{5x+4} - \dfrac{7x+9}{5x-4} - \dfrac{10x^2+8}{25x^2-16} = 0$

w) $\dfrac{4x+3}{10-6x} - \dfrac{5x+6}{25-16x} = \dfrac{3x^2+5x+6}{25-9x^2}$
x) $\dfrac{2x+5}{3x-3} - \dfrac{x-8}{x^2-x} = \dfrac{2x-3}{4x-4} + \dfrac{x+7}{6x-6}$

y) $\dfrac{7x-3}{2x-6} - \dfrac{27x-3}{10x-30} + \dfrac{13x+99}{6x-18} = 1 + \dfrac{5x-9}{x-3}$

3. Kapitel

Bruchungleichungen

Bruchungleichungen unterscheiden sich von Bruchgleichungen dadurch, daß bei ihnen an Stelle des Gleichheitszeichens eines der Zeichen
- $<$ („kleiner als")
- $>$ („größer als")
- $\leq$ („kleiner oder gleich")
- $\geq$ („größer oder gleich")

steht.

Beispiele für Bruchungleichungen sind:

$$\frac{x-3}{x-5} > 0 \qquad \frac{x+2}{x \cdot 3} \geq \frac{2x+5}{3x+8}$$

$$\frac{3x+2}{x-1} \leq 0 \qquad \frac{x}{x+5} < \frac{3x-7}{4x}$$

Bevor wir uns an die Behandlung von Bruchungleichungen heranwagen können, müssen wir uns zunächst einmal die Regeln für die Division positiver und negativer Zahlen in Erinnerung rufen:

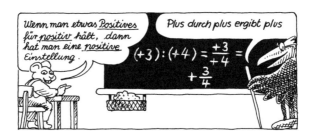

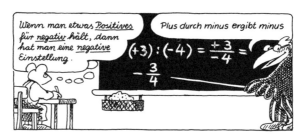

Bruchterme >0

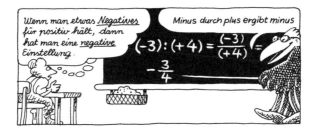

Gegeben ist die Bruchungleichung

$$\frac{x-3}{x-5}>0$$

Wie schon bei Bruchgleichungen muß man auch bei Bruchungleichungen zuallererst die Definitionsmenge bestimmen.
Der Nenner $x-5$ wird 0 für $x=5$. Also müssen wir die 5 aus der Grundmenge Q herausnehmen und erhalten als Definitionsmenge:

$$D=Q\setminus\{5\}.$$

Zur Lösungsmenge der Ungleichung $\frac{x-3}{x-5}>0$ gehören alle Zahlen aus der Definitionsmenge, für die der Bruch $\frac{x-3}{x-5}$ größer als 0, also positiv wird.
Es gibt aber genau zwei Fälle, in denen ein Bruch *positiv* ist.

1. Fall	2. Fall
Zähler und Nenner sind *beide* positiv, also größer als 0:	Zähler und Nenner sind *beide* negativ, also kleiner als 0:
$x-3>0$ und $x-5>0$	$x-3<0$ und $x-5<0$
Auflösen dieser Ungleichungen nach x führt zu	Auflösen dieser Ungleichungen nach x führt zu
$x>3$ und $x>5$	$x<3$ und $x<5$

In die Lösungsmenge L_1 des 1. Falles gehören also alle Zahlen, die *sowohl* größer als 3, *als auch* größer als 5 sind.
Nun sind aber alle Zahlen, die größer als 5 sind, zugleich auch größer als 3. Somit gilt für die Lösungsmenge L_1 des 1. Falles:

$$L_1 = \{x | x > 5\}$$

In die Lösungsmenge L_2 des 2. Falles gehören also alle Zahlen, die *sowohl* kleiner als 3, *als auch* kleiner als 5 sind.
Nun sind aber alle Zahlen, die kleiner als 3 sind, zugleich auch kleiner als 5. Somit gilt für die Lösungsmenge L_2 des 2. Falles:

$$L_2 = \{x | x < 3\}$$

Da der 1. Fall *oder* der 2. Fall eintreten kann, ist die Gesamtlösungsmenge L der gegebenen Ungleichung gleich der Vereinigungsmenge von L_1 und L_2:

$$L = L_1 \cup L_2$$

Und damit erhalten wir:

$$L = \{x | x > 5 \quad \text{oder} \quad x < 3\}$$

Die Darstellung der Lösungsmenge auf der Zahlengeraden sieht folgendermaßen aus:

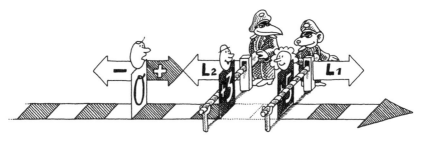

Und so sieht unser Verfahren in Kurzform aus:

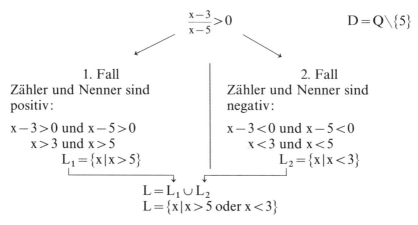

Bruchterme ≧ 0

Weitere Beispiele:

1. Beispiel:
$$\frac{x+7}{x+4} \geq 0 \qquad D = Q \setminus \{-4\}$$

1. Fall
Der Zähler ist positiv oder gleich Null und der Nenner ist positiv:

$x+7 \geq 0$ und $x+4 > 0$
$x \geq -7$ und $x > -4$

Alle Zahlen, die größer sind als -4, sind zugleich auch größer als -7. Also gilt:

$$L_1 = \{x \mid x > -4\}$$

2. Fall
Der Zähler ist negativ oder gleich Null und der Nenner ist negativ:

$x+7 \leq 0$ und $x+4 < 0$
$x \leq -7$ und $x < -4$

Alle Zahlen, die kleiner oder gleich -7 sind, sind zugleich auch kleiner als -4. Also gilt:

$$L_2 = \{x \mid x \leq -7\}$$

$$L = L_1 \cup L_2$$
$$L = \{x \mid x \leq -7 \text{ oder } x > -4\}$$

2. Beispiel:
$$\frac{3x-5}{x} > 0 \qquad D = Q \setminus \{0\}$$

1. Fall
Zähler und Nenner sind positiv:

$3x - 5 > 0$ und $x > 0$
$3x > 5$ und $x > 0$
$x > \frac{5}{3}$ und $x > 0$

Alle Zahlen, die größer sind als $\frac{5}{3}$, sind zugleich auch größer als 0. Somit gilt:

$$L_1 = \{x \mid x > \frac{5}{3}\}$$

2. Fall
Zähler und Nenner sind negativ:

$3x - 5 < 0$ und $x < 0$
$3x < 5$ und $x < 0$
$x < \frac{5}{3}$ und $x < 0$

Alle Zahlen, die kleiner sind als 0, sind zugleich auch kleiner als $\frac{5}{3}$. Somit gilt:

$$L_2 = \{x \mid x < 0\}$$

$$L = L_1 \cup L_2$$
$$L = \{x \mid x > \frac{5}{3} \text{ oder } x < 0\}$$

3. Beispiel: $\dfrac{5x-12}{3-x} > 0$ $D = Q \setminus \{3\}$

1. Fall
Zähler und Nenner sind positiv:

$5x - 12 > 0$ und $3 - x > 0$
$5x > 12$ und $3 > x$
$x > \dfrac{12}{5}$ und $3 > x$

Alle Zahlen, die sowohl größer als $\dfrac{12}{5}$ als auch kleiner als 3 sind, liegen zwischen $\dfrac{12}{5} (= 2,4)$ und 3. Somit gilt:

$L_1 = \{x \mid 2,4 < x < 3\}$

2. Fall
Zähler und Nenner sind negativ:

$5x - 12 < 0$ und $3 - x < 0$
$5x < 12$ und $3 < x$
$x < \dfrac{12}{5}$ und $3 < x$

Zahlen, die sowohl kleiner als $\dfrac{12}{5}$ als auch größer als 3 sind, gibt es nicht. Somit gilt:

$L_2 = \{\ \}$

$L = L_1 \cup L_2$
$L = \{x \mid 2,4 < x < 3\}$

4. Beispiel: $\dfrac{8-2x}{4x-5} \geq 0$ $D = Q \setminus \{\dfrac{5}{4}\}$

1. Fall
Der Zähler ist positiv oder gleich 0, der Nenner ist positiv:

$8 - 2x \geq 0$ und $4x - 5 > 0$
$8 \geq 2x$ und $4x > 5$
$4 \geq x$ und $x > \dfrac{5}{4}$

Alle Zahlen, die sowohl kleiner als 4 als auch größer als $\dfrac{5}{4}$ sind, liegen zwischen $\dfrac{5}{4}$ und 4. Weil auch die 4 selbst zur Lösungsmenge des 1. Falles gehört, gilt:

$L_1 = \{x \mid \dfrac{5}{4} < x \leq 4\}$

2. Fall
Der Zähler ist negativ oder gleich 0, der Nenner ist negativ:

$8 - 2x \leq 0$ und $4x - 5 < 0$
$8 \leq 2x$ und $4x < 5$
$4 \leq x$ und $x < \dfrac{5}{4}$

Zahlen, die sowohl größer oder gleich 4 als auch kleiner als $\dfrac{5}{4}$ sind, gibt es nicht.

Somit gilt:

$L_2 = \{\ \}$

$L = L_1 \cup L_2$
$L = \{x \mid \dfrac{5}{4} < x \leq 4\}$

Bruchterme <0

1. Aufgabe: Bestimme ebenso Definitions- und Lösungsmengen der folgenden Bruchungleichungen.

a) $\dfrac{x+3}{x+1} > 0$ b) $\dfrac{x-5}{x+2} > 0$ c) $\dfrac{x+4}{x-6} \geq 0$ d) $\dfrac{x-2}{x-5} > 0$

e) $\dfrac{3-x}{x+2} > 0$ f) $\dfrac{2-x}{x-5} \geq 0$ g) $\dfrac{x+4}{6-x} \geq 0$ h) $\dfrac{4-x}{5-x} > 0$

i) $\dfrac{2x+5}{4x+2} > 0$ k) $\dfrac{5x-8}{3x+4} \geq 0$ l) $\dfrac{12x+5}{8x-10} > 0$ m) $\dfrac{9x-27}{6x+18} > 0$

n) $\dfrac{3-4x}{5x-4} \geq 0$ o) $\dfrac{8x-10}{5-2x} > 0$ p) $\dfrac{5-4x}{4-5x} > 0$ q) $\dfrac{15x-25}{1-x} > 0$

r) $\dfrac{7x+3}{x} \geq 0$ s) $\dfrac{x}{2-x} > 0$ t) $\dfrac{4-3x}{5x} > 0$ u) $\dfrac{7x}{4-8x} \geq 0$

Im Unterschied zu den bisherigen Beispielen und Aufgaben soll bei der Bruchungleichung

$$\dfrac{x-2}{x-6} < 0 \qquad\qquad D = Q \backslash \{6\}$$

der Bruchterm $\dfrac{x-2}{x-6}$ kleiner als 0, also *negativ* werden.

Es gibt aber genau zwei Fälle, in denen ein Bruch negativ ist:

1. Fall	2. Fall
Der Zähler ist positiv und der Nenner negativ:	Der Zähler ist negativ und der Nenner ist positiv:
$x - 2 > 0$ und $x - 6 < 0$	$x - 2 < 0$ und $x - 6 > 0$
$x > 2$ und $\quad x < 6$	$x < 2$ und $\quad x > 6$

In die Lösungsmenge L_1 des 1. Falles gehören also alle Zahlen, die sowohl größer als 2 als auch kleiner als 6 sind.
Das sind aber gerade alle Zahlen, die zwischen 2 und 6 liegen. Somit gilt für die Lösungsmenge L_1 des 1. Falles:

$$L_1 = \{x \mid 2 < x < 6\}$$

In die Lösungsmenge L_2 des 2. Falles gehören also alle Zahlen, die sowohl kleiner als 2 als auch größer als 6 sind.
Solche Zahlen gibt es nicht. Also ist die Lösungsmenge L_2 des 2. Falles leer und es gilt:

$$L_2 = \{\ \}$$

Somit ergibt sich für die Gesamtlösungsmenge L der gegebenen Ungleichung:

$$L = L_1 \cup L_2 = L_1 = \{x \mid 2 < x < 6\}$$

Weitere Beispiele:

1. Beispiel: $\quad \dfrac{x+3}{x-4} < 0 \quad\quad D = Q \setminus \{4\}$

1. Fall	2. Fall
Zähler positiv und Nenner negativ	Zähler negativ und Nenner positiv
$x+3 > 0$ und $x-4 < 0$	$x+3 < 0$ und $x-4 > 0$
$x > -3$ und $x < 4$	$x < -3$ und $x > 4$
Alle Zahlen zwischen -3 und 4 gehören in die Lösungsmenge des 1. Falles:	Zahlen die kleiner als -3 und zugleich größer als 4 sind, gibt es nicht:
$L_1 = \{x \mid -3 < x < 4\}$	$L_2 = \{\ \}$

$$L = L_1 \cup L_2 = L_1 = \{x \mid -3 < x < 4\}$$

2. Beispiel: $\quad \dfrac{x+2}{x+7} \leq 0 \quad\quad D = Q \setminus \{-7\}$

1. Fall	2. Fall
Zähler positiv oder 0 und Nenner negativ	Zähler negativ oder 0 und Nenner positiv
$x+2 \geq 0$ und $x+7 < 0$	$x+2 \leq 0$ und $x+7 > 0$
$x \geq -2$ und $x < -7$	$x \leq -2$ und $x > -7$
Zahlen die größer oder gleich -2 und zugleich kleiner als -7 sind, gibt es nicht:	Alle Zahlen zwischen -7 und -2 und die Zahl -2 selbst gehören in die Lösungsmenge des 2. Falles:
$L_1 = \{\ \}$	$L_2 = \{x \mid -7 < x \leq -2\}$

$$L = L_1 \cup L_2 = L_2 = \{x \mid -7 < x \leq -2\}$$

Bruchterme ≤ 0

3. Beispiel: $\qquad \dfrac{5-x}{3x+6} < 0 \qquad D = Q\setminus\{-2\}$

1. Fall

Zähler positiv	und	Nenner negativ
$5-x>0$	und	$3x+6<0$
$5>x$	und	$3x<-6$
$5>x$	und	$x<-2$

Alle Zahlen, die kleiner sind als -2, sind zugleich auch kleiner als 5.
Somit gilt:
$$L_1 = \{x \mid x < -2\}$$

2. Fall

Zähler negativ	und	Nenner positiv
$5-x<0$	und	$3x+6>0$
$5<x$	und	$3x>-6$
$5<x$	und	$x>-2$

Alle Zahlen, die größer sind als 5, sind zugleich auch größer als -2.
Somit gilt:
$$L_2 = \{x \mid x > 5\}$$

$$L = L_1 \cup L_2$$
$$L = \{x \mid x < -2 \text{ oder } x > 5\}$$

4. Beispiel: $\qquad \dfrac{4x+3}{4-3x} \leq 0 \qquad D = Q\setminus\left\{\dfrac{4}{3}\right\}$

1. Fall

Zähler positiv oder 0	und	Nenner negativ
$4x+3 \geq 0$	und	$4-3x<0$
$4x \geq -3$	und	$4 < 3x$
$x \geq -\dfrac{3}{4}$	und	$\dfrac{4}{3} < x$

Alle Zahlen, die größer sind als $\dfrac{4}{3}$, sind zugleich auch größer als $-\dfrac{3}{4}$.
Somit gilt:
$$L_1 = \left\{x \mid \dfrac{4}{3} < x\right\}$$

2. Fall

Zähler negativ oder 0	und	Nenner positiv
$4x+3 \leq 0$	und	$4-3x>0$
$4x \leq -3$	und	$4 > 3x$
$x \leq -\dfrac{3}{4}$	und	$\dfrac{4}{3} > x$

Alle Zahlen, die kleiner oder gleich $-\dfrac{3}{4}$ sind, sind zugleich auch kleiner als $\dfrac{4}{3}$.
Somit gilt:
$$L_2 = \left\{x \mid x \leq -\dfrac{3}{4}\right\}$$

$$L = L_1 \cup L_2$$
$$L = \left\{x \mid \dfrac{4}{3} < x \text{ oder } x \leq -\dfrac{3}{4}\right\}$$

2. Aufgabe: Bestimme ebenso Definitions- und Lösungsmengen der folgenden Bruchungleichungen.

a) $\dfrac{x+4}{x+3} < 0$ b) $\dfrac{x-2}{x+5} < 0$ c) $\dfrac{x+5}{x-4} \leq 0$

d) $\dfrac{x-4}{x-3} < 0$ e) $\dfrac{2-x}{x-1} < 0$ f) $\dfrac{5-x}{x+5} \leq 0$

g) $\dfrac{x+8}{4-x} < 0$ h) $\dfrac{7-x}{1-x} \leq 0$ i) $\dfrac{3x-6}{2x+10} < 0$

k) $\dfrac{8x-12}{x} < 0$ l) $\dfrac{12x-18}{5x-25} \leq 0$ m) $\dfrac{4-2x}{5x+8} < 0$

n) $\dfrac{3x-12}{7x+49} < 0$ o) $\dfrac{7-2x}{3-3x} \leq 0$ p) $\dfrac{2x-7}{3x-3} \leq 0$

q) $\dfrac{4x}{5x+8} \leq 0$ r) $\dfrac{2x+4}{9-12x} < 0$ s) $\dfrac{5x-4}{8x} \leq 0$

t) $\dfrac{8-12x}{4x-8} < 0$ u) $\dfrac{15x-10}{15-10x} < 0$

Vorsicht bei der folgenden Aufgabe!
Bei ihr treten die Zeichen <, ≦, > und ≧ im bunten Wechsel auf!
Also aufpassen und genau hinschauen!

3. Aufgabe: Bestimme die Definitions- und Lösungsmengen der folgenden Bruchungleichungen.

a) $\dfrac{3x}{x-3} < 0$ b) $\dfrac{7x-14}{3-x} \geq 0$ c) $\dfrac{5x-5}{5x} > 0$

d) $\dfrac{8x+5}{5-x} \leq 0$ e) $\dfrac{x-7}{1-7x} \geq 0$ f) $\dfrac{12x+4}{4x+12} > 0$

g) $\dfrac{5-x}{5+x} \leq 0$ h) $\dfrac{1-5x}{1+5x} > 0$ i) $\dfrac{2x+3}{3x+2} \leq 0$

k) $\dfrac{2x+3}{3x+2} > 0$ l) $\dfrac{5-3x}{3-6x} < 0$ m) $\dfrac{3x-5}{6x-3} < 0$

n) $\dfrac{3x-5}{3-6x} < 0$ o) $\dfrac{5-3x}{6x-3} < 0$ p) $\dfrac{5-3x}{6x-3} > 0$

q) $\dfrac{5-3x}{6x-3} \geq 0$ r) $\dfrac{4x+7}{x-4} \leq 0$ s) $\dfrac{3-4x}{4-3x} > 0$

t) $\dfrac{15x+25}{15x+35} > 0$ u) $\dfrac{8x-3}{12-5x} \leq 0$

Das von uns bisher mit Erfolg angewandte Verfahren zur Bestimmung der Lösungsmenge einer Bruchungleichung funktioniert nur dann, wenn auf der einen Seite der Ungleichung ein einziger Bruchterm und auf der anderen Seite Null steht.

vermischte Aufgaben

Es muß also heißen:

Bruchterm >0 Bruchterm ≥ 0
Bruchterm <0 Bruchterm ≤ 0.

Auf die Bruchungleichung

$$\frac{x+3}{x-1} > 4 \qquad D = Q \setminus \{1\}$$

läßt sich unser Verfahren also nicht anwenden, weil auf der rechten Seite eine 4 steht und keine Null.

Dieser mißliche Zustand kann aber leicht behoben werden, wenn wir auf beiden Seiten der Ungleichung 4 subtrahieren:

$$\frac{x+3}{x-1} > 4 \quad \| -4$$

$$\frac{x+3}{x-1} - 4 > 4 - 4$$

$$\frac{x+3}{x-1} - 4 > 0$$

Nun haben wir zwar erreicht, daß auf der *rechten Seite* Null steht, aber auf der *linken Seite* ist uns dabei ein Malheur passiert. Dort steht jetzt nicht mehr ein einziger Bruchterm, sondern eine Differenz. Aber auch diese Schwierigkeit läßt sich überwinden, wenn wir die Zahl 4 durch Erweitern auf den Nenner $x-1$ bringen.
Es gilt:

$$4 = \frac{4 \cdot (x-1)}{x-1}$$

Und damit läßt sich nun die Differenz auf der linken Seite ausrechnen (Siehe auch Abschnitt: Addition und Subtraktion von Bruchtermen S. 29 ff.). Es ergibt sich:

$$\frac{x+3}{x-1} - 4 > 0$$

$$\frac{x+3}{x-1} - \frac{4 \cdot (x-1)}{x-1} > 0$$

$$\frac{x+3}{x-1} - \frac{4x-4}{x-1} > 0$$

$$\frac{(x+3)-(4x-4)}{x-1} > 0$$

$$\frac{x+3-4x+4}{x-1} > 0$$

$$\frac{7-3x}{x-1} > 0$$

Und damit sind wir wieder auf bekanntem Gebiet.
Links steht ein einziger Bruchterm.
Rechts steht Null.
Wir können unser hinlänglich eingeübtes Lösungsverfahren anwenden:

1. Fall	2. Fall
Zähler und Nenner *positiv*	Zähler und Nenner *negativ*
$7-3x>0$ und $x-1>0$	$7-3x<0$ und $x-1<0$
$7>3x$ und $x>1$	$7<3x$ und $x<1$
$\frac{7}{3}>x$ und $x>1$	$\frac{7}{3}<x$ und $x<1$
$L_1=\left\{x\,\middle|\,1<x<\frac{7}{3}\right\}$	$L_2=\{\,\}$

$$L=L_1\cup L_2$$
$$L=L_1=\left\{x\,\middle|\,1<x<\frac{7}{3}\right\}$$

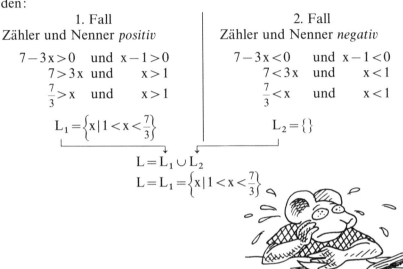

Weitere Beispiele:

1. Beispiel: $\quad \frac{2x+4}{x+3}\leq 5 \quad \|-5 \qquad D=Q\setminus\{-3\}$

$$\frac{2x+4}{x+3}-5\leq 0$$

$$\frac{2x+4-5\cdot(x+3)}{x+3}\leq 0$$

$$\frac{-3x-11}{x+3}\leq 0$$

1. Fall	2. Fall
$-3x-11\geq 0$ und $x+3<0$	$-3x-11\leq 0$ und $x+3>0$
$-11\geq 3x$ und $x<-3$	$-11\leq 3x$ und $x>-3$
$-\frac{11}{3}\geq x$ und $x<-3$	$-\frac{11}{3}\leq x$ und $x>-3$
$L_1=\left\{x\,\middle|\,x\leq -\frac{11}{3}\right\}$	$L_2=\{x\,|\,-3<x\}$

$$L=L_1\cup L_2$$
$$L=\left\{x\,\middle|\,x\leq -\frac{11}{3}\text{ oder }-3<x\right\}$$

vermischte Aufgaben

2. Beispiel:

$$\frac{5x+3}{2-3x} \geq 2 \quad \| -2 \qquad D = \mathbb{Q} \setminus \left\{\frac{2}{3}\right\}$$

$$\frac{5x+3}{2-3x} - 2 \geq 0$$

$$\frac{5x+3-2\cdot(2-3x)}{2-3x} \geq 0$$

$$\frac{5x+3-4+6x}{2-3x} \geq 0$$

$$\frac{11x-1}{2-3x} \geq 0$$

1. Fall	2. Fall
$11x-1 \geq 0$ und $2-3x > 0$	$11x-1 \leq 0$ und $2-3x < 0$
$11x \geq 1$ und $2 > 3x$	$11x \leq 1$ und $2 < 3x$
$x \geq \frac{1}{11}$ und $\frac{2}{3} > x$	$x \leq \frac{1}{11}$ und $\frac{2}{3} < x$
$L_1 = \left\{x \mid \frac{1}{11} \leq x < \frac{2}{3}\right\}$	$L_2 = \{\ \}$

$$L = L_1 \cup L_2$$
$$L = \left\{x \mid \frac{1}{11} \leq x < \frac{2}{3}\right\}$$

4. Aufgabe: Bestimme ebenso Definitions- und Lösungsmengen der folgenden Bruchungleichungen.

a) $\frac{5x+2}{x-3} < 3$ b) $\frac{7x-5}{2x+1} > 2$ c) $\frac{x+1}{4+3x} > 4$

d) $\frac{5-3x}{2x+3} \leq 5$ e) $\frac{x+2}{x-2} < 10$ f) $\frac{7x-3}{3x-7} \geq 1$

g) $\frac{3x-2}{2x-3} > 4$ h) $\frac{3x-2}{2x-3} \leq 4$ i) $\frac{2-3x}{2x-3} > 4$

k) $\frac{2-3x}{3-2x} > 4$ l) $\frac{5x}{2x-5} \leq 15$ m) $\frac{3x-12}{5x} > 6$

n) $\frac{18-6x}{2x-5} > 12$ o) $\frac{11-2x}{3-x} < 5$ p) $\frac{x-25}{25x-3} > 2$

q) $\frac{12x-1}{5x+2} \leq 2$ r) $\frac{18x}{18x+1} \geq 1$ s) $\frac{18x+1}{18x} \geq 1$

t) $\frac{9-3x}{9x-3} < 7$ u) $\frac{5+8x}{5x+8} < 8$

Auch auf die Bruchungleichung

$$\frac{x+3}{2x+4} < \frac{2x-1}{3x+6} \qquad D = Q\setminus\{-2\}$$

läßt sich unser Lösungsverfahren nicht so ohne weiteres anwenden, weil auf *beiden* Seiten der Ungleichung Bruchterme stehen. Wenn wir auf beiden Seiten $\frac{2x-1}{3x+6}$ subtrahieren, erreichen wir, daß auf der *rechten* Seite Null steht:

$$\frac{x+3}{2x+4} < \frac{2x-1}{3x+6} \quad \| -\frac{2x-1}{3x+6}$$

$$\frac{x+3}{2x+4} - \frac{2x-1}{3x+6} < 0$$

Nun müssen wir nur noch die beiden Bruchterme auf der *linken* Seite zu einem einzigen Bruchterm zusammenziehen. Wie man das macht, hast du im Abschnitt "Addition und Subtraktion bei nicht nennergleichen Bruchtermen", S. 33ff.) gelernt.
Wir bestimmen zuerst den Hauptnenner:

$$2x+4 = 2 \cdot (x+2)$$
$$3x+6 = 3 \cdot (x+2)$$

$$\overline{HN = 2 \cdot 3 \cdot (x+2) = 6 \cdot (x+2)}$$

Anschließend bringen wir die beiden Bruchterme durch Erweitern auf den Hauptnenner:

$$\frac{(x+3)\cdot 3}{6\cdot(x+2)} - \frac{(2x-1)\cdot 2}{6\cdot(x+2)} < 0$$

Nun schreiben wir die beiden Bruchterme auf einen gemeinsamen Bruchstrich:

$$\frac{(x+3)\cdot 3 - (2x-1)\cdot 2}{6\cdot(x+2)} < 0$$

und fassen den Zähler soweit wie möglich zusammen:

$$\frac{(3x+9) - (4x-2)}{6\cdot(x+2)} < 0$$

$$\frac{3x+9-4x+2}{6x+12} < 0$$

$$\frac{11-x}{6x+12} < 0$$

In dieser Form können wir nun die Bruchungleichung nach unserer bewährten Methode lösen.

beide Seiten sind Bruchterme

Weitere Beispiele:

1. Beispiel:
$$\frac{5-2x}{5x+15} \geq \frac{3x-4}{2x+6} \quad \| -\frac{3x-4}{2x+6} \qquad D = Q \setminus \{-3\}$$

$$\frac{5-2x}{5x+15} - \frac{3x-4}{2x+6} \geq 0$$

Hauptnenner bestimmen:

$$5x+15 = 5 \cdot (x+3)$$
$$2x+6 = 2 \cdot (x+3)$$
$$\overline{\mathrm{HN} = 2 \cdot 5 \cdot (x+3) = 10 \cdot (x+3)}$$

$$\frac{2 \cdot (5-2x) - 5 \cdot (3x-4)}{10 \cdot (x+3)} \geq 0$$

$$\frac{10 - 4x - 15x + 20}{10 \cdot (x+3)} \geq 0$$

$$\frac{30 - 19x}{10x + 30} \geq 0$$

und weiter geht's dann, wie gewohnt!

2. Beispiel:
$$\frac{3x-4}{12x+30} \leq \frac{x-3}{18x+45} \quad \| -\frac{x-3}{18x+45} \quad D = Q \setminus \left\{-\frac{5}{2}\right\}$$

$$\frac{3x-4}{12x+30} - \frac{x-3}{18x+45} \leq 0$$

Hauptnenner bestimmen:

$$12x + 30 = 6 \cdot (2x+5) = 2 \cdot 3 \cdot (2x+5)$$
$$18x + 45 = 9 \cdot (2x+5) = 3 \cdot 3 \cdot (2x+5)$$
$$\overline{\mathrm{HN} = 2 \cdot 3 \cdot 3 \cdot (2x+5) = 18 \cdot (2x+5)}$$

$$\frac{3 \cdot (3x-4) - 2 \cdot (x-3)}{18 \cdot (2x+5)} \leq 0$$

$$\frac{9x - 12 - 2x + 6}{18 \cdot (2x+5)} \leq 0$$

$$\frac{7x - 6}{36x + 90} \leq 0$$

Und damit haben wir die vertraute Form erreicht, mit der wir in der gewohnten Art weiterverfahren.

5. Aufgabe: Bestimme ebenso Definitions- und Lösungsmengen der folgenden Bruchungleichungen.

a) $\dfrac{x-2}{4x+8} < \dfrac{3x-10}{12x+24}$

b) $\dfrac{5x-7}{2x+8} > \dfrac{7x-5}{8x+32}$

c) $\dfrac{7x}{5x+15} \leq \dfrac{9x}{x+3}$

d) $\dfrac{2x-3}{12x} \geq \dfrac{3x-2}{18x}$

e) $\dfrac{x+24}{9x-15} > \dfrac{24-x}{15x-25}$

f) $\dfrac{3x+5}{10-25x} < \dfrac{5x+3}{6-15x}$

g) $\dfrac{3-x}{42x+12} < \dfrac{7-2x}{28x+8}$

h) $\dfrac{x+5}{15x+18} > \dfrac{2x+7}{35x+42}$

i) $\dfrac{4x}{9-12x} > \dfrac{1-4x}{21-28x}$

k) $\dfrac{2x+5}{3x-3} \leq \dfrac{x-3}{5x-5} + \dfrac{3-x}{15x-15}$

l) $\dfrac{7x+3}{8x+24} < \dfrac{3x+1}{10x+30}$

m) $\dfrac{5x}{18x+27} \geq \dfrac{7x}{12x+18}$

n) $\dfrac{x+3}{27-18x} > \dfrac{4-x}{18-12x}$

o) $\dfrac{8-2x}{16x+8} < \dfrac{12-x}{24x+12}$

p) $\dfrac{3x+16}{20-8x} < \dfrac{2x-14}{60-24x}$

q) $\dfrac{3x-2}{15x} < \dfrac{2x-3}{35x}$

r) $\dfrac{12x}{30x+25} \geq \dfrac{15x}{48x+40}$

s) $\dfrac{18x-12}{15-25x} < \dfrac{4x+20}{6-10x}$

t) $\dfrac{x}{24x+36} > \dfrac{x}{22x+33}$

u) $\dfrac{x-1}{48x+8} < \dfrac{x+1}{60x+10}$

Abschlußtest

Mit dem folgenden Test kannst du überprüfen, ob du diesen Band der Duden-Schülerhilfen mit Erfolg durchgearbeitet hast, und ob du nun das gar nicht so einfache Gebiet der Bruchgleichungen und Bruchungleichungen einigermaßen sicher beherrschst.
Wenn dir nicht mehr als zwei Fehler pro Aufgabenblock unterlaufen, dann kannst du mit deinem Erfolg zufrieden sein. Anderenfalls findest du in diesem Band sicher noch einige Aufgaben, die du bisher noch nicht gelöst hast. Wer oder was hindert dich eigentlich daran, das Versäumte jetzt noch nachzuholen? Du wirst dir dadurch ganz sicher noch etwas mehr Fingerfertigkeit im Lösen von Bruchgleichungen und Bruchungleichungen erwerben.

1. Bestimme Definitions- und Lösungsmengen der folgenden Bruchgleichungen.

a) $\dfrac{2x-6}{x-3} = \dfrac{6x-4}{3x+1}$

b) $\dfrac{x+4}{2+x} + \dfrac{2x-1}{2-x} = \dfrac{x^2}{4-x^2}$

c) $\dfrac{7x-2}{2x-6} - \dfrac{x-15}{2x+6} = \dfrac{3x-1}{x+3}$

d) $\dfrac{4x+5}{2x-3} - \dfrac{5x-4}{2x+3} = \dfrac{7+5x-2x^2}{4x^2-9}$

e) $\dfrac{8-x}{x^2-x} - \dfrac{x+7}{6x-6} = \dfrac{2x-3}{4x-4} - \dfrac{2x+5}{3x-3}$

f) $\dfrac{3x-7}{3x+1} - \dfrac{6x+4}{x+1} + 5 = 0$

2. Bestimme Definitions- und Lösungsmengen der folgenden Bruchungleichungen.

a) $\dfrac{5x+3}{3-2x} < 0$

b) $\dfrac{2x+1}{x-3} \geq 0$

c) $\dfrac{3x-1}{5-x} \geq 2$

d) $\dfrac{5x}{x-3} > 5$

e) $\dfrac{x+2}{3x+6} < \dfrac{2x+3}{5x+10}$

f) $\dfrac{10+2x}{2x-8} \geq \dfrac{3-5x}{10x-40}$

LÖSUNGEN

1. Kapitel

1. Aufgabe:

a) $\dfrac{35}{40}$ b) $\dfrac{55}{77}$ c) $\dfrac{90}{195}$ d) $\dfrac{125}{300}$ e) $\dfrac{221}{273}$

2. Aufgabe:

a) $\dfrac{4a}{8b}$ b) $\dfrac{21x}{35y}$ c) $\dfrac{35}{5a+25}$ d) $\dfrac{24a}{40b-48}$ e) $\dfrac{3a+3b}{3a-3b}$

f) $\dfrac{48x+36}{84-60x}$ g) $\dfrac{24a+48b}{96-60a}$ h) $\dfrac{45ab}{63a-27b}$ i) $\dfrac{44x^2+11x}{33x-55}$ k) $\dfrac{30a-45b}{60ab}$

3. Aufgabe:

a) $\dfrac{7x}{ax}$ b) $\dfrac{ab}{5b}$ c) $\dfrac{3b}{ab+2b}$ d) $\dfrac{3a}{a^2+2a}$ e) $\dfrac{a^2+ab}{a^2-ab}$

f) $\dfrac{4x^2+2xy}{3x^2-xy}$ g) $\dfrac{4xy+2y^2}{3xy-y^2}$ h) $\dfrac{a^2-3a^2b}{ab-a^3}$ i) $\dfrac{5ab+3b^2}{3ab+5b^2}$ k) $\dfrac{7ab^2}{3ab-b^2}$

4. Aufgabe:

a) $\dfrac{5x^2}{10xy}$ b) $\dfrac{5x^2y}{10xy^2}$ c) $\dfrac{3ab}{a^2b+2ab^2}$ d) $\dfrac{5x^2+7x+2}{3x^2+3x}$

e) $\dfrac{21a^2+10ab+b^2}{9a^2-b^2}$ f) $\dfrac{x^2-4}{x^2+4x+4}$ g) $\dfrac{5x^2+23xy+12y^2}{7x^2+26xy-8y^2}$

h) $\dfrac{10ab-a^2-25b^2}{5a^2-26ab+5b^2}$ i) $\dfrac{15x^2-51xy+18y^2}{10x^2+21xy-10y^2}$ k) $\dfrac{8ab^3+6a^3b+12b^3+9a^2b}{16b^4-9a^4}$

5. Aufgabe:

a) $\dfrac{5\cdot 7}{8\cdot 7}=\dfrac{35}{56}$ b) $\dfrac{7\cdot 16}{9\cdot 16}=\dfrac{112}{144}$ c) $\dfrac{2\cdot 54}{3\cdot 54}=\dfrac{108}{162}$ d) $\dfrac{11\cdot 9}{12\cdot 9}=\dfrac{99}{108}$

e) $\dfrac{15\cdot 14}{34\cdot 14}=\dfrac{210}{476}$

6. Aufgabe:

a) $\dfrac{3x\cdot 2x}{7y\cdot 2x}=\dfrac{6x^2}{14xy}$ b) $\dfrac{5a\cdot 5b}{3b\cdot 5b}=\dfrac{25ab}{15b^2}$

c) $\dfrac{8a\cdot 9ab}{9b\cdot 9ab}=\dfrac{72a^2b}{81ab^2}$ d) $\dfrac{3a^2b\cdot 6a}{14ab^2\cdot 6a}=\dfrac{18a^3b}{84a^2b^2}$

e) $\dfrac{8xy\cdot(2y+3z)}{5x\cdot(2y+3z)}=\dfrac{16xy^2+24xyz}{10xy+15xz}$ f) $\dfrac{(5x+7y)\cdot 3}{(2a+3b)\cdot 3}=\dfrac{15x+21y}{6a+9b}$

g) $\dfrac{(3a+5b)\cdot(2a-3b)}{(2a+3b)\cdot(2a-3b)}=\dfrac{6a^2+ab-15b^2}{4a^2-9b^2}$ h) $\dfrac{(x-4y)\cdot 4}{(3x+y)\cdot 4}=\dfrac{4x-16y}{12x+4y}$

i) $\dfrac{(6a-7b)\cdot 2ab}{(3a-2b)\cdot 2ab}=\dfrac{12a^2b-14ab^2}{6a^2b-4ab^2}$ k) $\dfrac{(5x+3y)\cdot(3x+2y)}{(3x-2y)\cdot(3x+2y)}=\dfrac{15x^2+19xy+6y^2}{9x^2-4y^2}$

Lösungen

7. Aufgabe:

a) $\dfrac{3}{3}$ b) $\dfrac{11}{16}$ c) $\dfrac{1}{4}$ d) $\dfrac{4}{9}$ e) $\dfrac{1}{3}$

8. Aufgabe:

a) $\dfrac{3}{4y}$ b) $\dfrac{3x}{7y}$ c) $\dfrac{2ab}{3cd}$ d) $\dfrac{5xy}{6z}$

e) $\dfrac{3x}{7y}$ f) $\dfrac{5a^2}{9x}$ g) $\dfrac{2}{3x^2}$ h) $\dfrac{3a}{5b}$

9. Aufgabe:

a) $\dfrac{1}{12}$ b) $\dfrac{6}{11}$ c) $\dfrac{9}{10}$ d) $\dfrac{1}{2}$

e) $\dfrac{2}{9}$ f) $\dfrac{12}{35}$ g) $\dfrac{13}{56}$ h) $\dfrac{2}{7}$

10. Aufgabe:

a) $\dfrac{8}{9a}$ b) $\dfrac{3x}{4y}$ c) $\dfrac{3a}{5b}$ d) $\dfrac{5b}{8ac}$ e) $\dfrac{3x^2z^2}{5y^2}$

f) $\dfrac{7}{10a^2}$ g) $\dfrac{11x^4}{12y^3}$ h) $\dfrac{13a^4}{14b^4}$ i) $\dfrac{3z^2}{7x^2}$ k) $\dfrac{b^4}{4a^4}$

11. Aufgabe:

a) a^4 b) x^2 c) b^9 d) y^{20} e) z^8 f) a^4 g) b^3 k) x^{12}

12. Aufgabe:

a) $\dfrac{5a^9}{12b^4}$ b) $\dfrac{5x^{12}}{9y^2z^{12}}$ c) $\dfrac{3a^3b^7}{14}$ d) $\dfrac{5m^2}{2n^2}$ e) $\dfrac{3x^2}{2y^2}$

f) $\dfrac{11a^7}{15bc^6}$ g) $\dfrac{7e^9}{12d^9}$ h) $\dfrac{7}{15x^4y^2}$ i) $\dfrac{6a^3b^{12}}{11}$ k) $\dfrac{3d^2}{c^4}$

13. Aufgabe:

a) $\dfrac{9}{11x}$ b) $\dfrac{x+y}{7xy}$ c) $\dfrac{6a}{11b}$ d) $\dfrac{8xy^2}{(5x+y)\cdot 3}$

e) $\dfrac{15cd^4}{5+b}$ f) $\dfrac{3\cdot(x-y)}{xy}$ g) $\dfrac{5a}{9}$ h) $\dfrac{1}{7a}$

14. Aufgabe:

a) $\dfrac{3a(3a-5b)}{b}$ b) $\dfrac{3y^2\cdot(4x-3y)^4}{2x^2}$ c) $\dfrac{x+2y}{2x-y}$

d) $\dfrac{2b^3(5a+3b)^3}{3a\cdot(3a+5b)}$ e) $\dfrac{9\cdot(a+b)^4\cdot(a-b)^2}{4a}$ f) $\dfrac{3a(7x+3y)}{2b}$

g) $\dfrac{c^4}{2d(3d+4c)^2(3c+4d)}$ h) $\dfrac{8z(3z+5y)^3}{5x(3z+5)(z+7)}$

15. Aufgabe:

a) $\dfrac{3a\cdot 10\cdot(a-b)}{45a^2\cdot(a-b)}=\dfrac{2}{3a}$ b) $\dfrac{8x^2y\cdot 3\cdot(2x+y)}{12xy\cdot(2x+y)}=2x$

c) $\dfrac{35ab^2 \cdot 4 \cdot (3a+4b)}{14a^2 \cdot 2 \cdot (3a+4b)} = \dfrac{5b^2}{a}$

d) $\dfrac{32a \cdot 3b \cdot (3a+1)}{24ab \cdot b \cdot (3a+1)} = \dfrac{4}{b}$

e) $\dfrac{18xy^2 \cdot 4x \cdot (3y-2)}{42x^2y \cdot 3y(3y-2)} = \dfrac{4}{7}$

f) $\dfrac{15ab \cdot 8ab \cdot (a-2b)}{80a^2b \cdot 6b \cdot (a-2b)} = \dfrac{1}{4}$

g) $\dfrac{27x^2y \cdot 5ab \cdot (4a-3b)}{135a^2b \cdot 3xy \cdot (4a-3b)} = \dfrac{x}{3a}$

h) $\dfrac{33a^2b \cdot 4ab \cdot (1+a)}{18b^2 \cdot a \cdot (a+1)} = \dfrac{22a^2}{3}$

16. Aufgabe:

a) $\dfrac{4 \cdot (a-b)}{5 \cdot (a-b)} = \dfrac{4}{5}$

b) $\dfrac{5x \cdot (1+2y)}{3y \cdot (1+2y)} = \dfrac{5x}{3y}$

c) $\dfrac{a \cdot (a-b)}{3b \cdot (a-b)} = \dfrac{a}{3b}$

d) $\dfrac{6x^2y \cdot (2x-3y)}{4xy^2 \cdot (2x-3y)} = \dfrac{3x}{2y}$

e) $\dfrac{b \cdot (a+1)}{x \cdot (a+1)} = \dfrac{b}{x}$

f) $\dfrac{15ab \cdot (b-2a)}{20b^2 \cdot (b-2a)} = \dfrac{3a}{4b}$

g) $\dfrac{6a \cdot (2b+3c)}{5b \cdot (2b+3c)} = \dfrac{6a}{5b}$

h) $\dfrac{3y \cdot (x-9)}{4x \cdot (x-9)} = \dfrac{3y}{4x}$

17. Aufgabe:

a) $\dfrac{a+3}{(a+3)^2} = \dfrac{1}{a+3}$

b) $\dfrac{(x+y) \cdot (x-y)}{(x-y)^2} = \dfrac{x+y}{x-y}$

c) $\dfrac{12x \cdot (a+4b) \cdot (a-4b)}{(a+4b)^2} = \dfrac{12x \cdot (a-4b)}{a+4b}$

d) $\dfrac{8xy \cdot (3x+5y)}{(3x+5y)^2} = \dfrac{8xy}{3x+5y}$

e) $\dfrac{(2a-5b)^2}{(2a+5b) \cdot (2a-5b)} = \dfrac{2a-5b}{2a+5b}$

f) $\dfrac{15xy \cdot (3x+y) \cdot (3x-y)}{5y^2 \cdot (3x+y)^2} = \dfrac{3x \cdot (3x-y)}{y \cdot (3x+y)}$

g) $\dfrac{a \cdot (b-4a)}{(b-4a)^2} = \dfrac{a}{b-4a}$

h) $\dfrac{3y \cdot (2x-5y)}{(2x-5y)^2} = \dfrac{3y}{2x-5y}$

18. Aufgabe:

a) $\dfrac{5b}{7a}$

b) $\dfrac{z^4}{3x^3y^2}$

c) $\dfrac{c \cdot (a-b)}{(a+b) \cdot (a-b)} = \dfrac{c}{a+b}$

d) $\dfrac{8 \cdot (x-y)}{12 \cdot (x-y)} = \dfrac{2}{3}$

e) $\dfrac{2a \cdot (3b-2c)}{5c \cdot (3b-2c)} = \dfrac{2a}{5c}$

f) $\dfrac{4ab}{9c^2}$

g) $\dfrac{15a \cdot (2a-3b)}{15a^2b} = \dfrac{2a-3b}{ab}$

h) $\dfrac{2 \cdot (a-b)}{(a+b) \cdot (a-b)} = \dfrac{2}{a+b}$

i) $\dfrac{x \cdot (x+1)}{x \cdot (x-1)} = \dfrac{x+1}{x-1}$

k) $\dfrac{(2a+3b) \cdot (2a-3b)}{(2a+3b)} = 2a-3b$

l) $\dfrac{x \cdot (x+1)}{(x+1) \cdot (x-1)} = \dfrac{x}{x-1}$

m) $\dfrac{(2a-5b)^2}{(2a+5b) \cdot (2a-5b)} = \dfrac{2a-5b}{2a+5b}$

n) $\dfrac{12ab^2 \cdot (b+a) \cdot (b-a)}{15a^2b \cdot (a+b)^2} = \dfrac{4b \cdot (b-a)}{5a(a+b)}$

o) $\dfrac{(6x+8y) \cdot (6x-8y)}{3x+4y} = \dfrac{2 \cdot (3x+4y) \cdot (6x-8y)}{3x+4y} = 2 \cdot (6x-8y)$

p) $\dfrac{(x+4) \cdot (x-4)}{3 \cdot (x+4)} = \dfrac{x-4}{3}$

q) $\dfrac{a \cdot (4a+1)}{(4a+1) \cdot (4a-1)} = \dfrac{a}{4a-1}$

r) $\dfrac{3ab \cdot (a-b)}{x \cdot (a+b) \cdot (a-b)} = \dfrac{3ab}{x \cdot (a+b)}$

s) $\dfrac{b \cdot (3a+1) \cdot (3a-1)}{a \cdot (3a+1)} = \dfrac{b \cdot (3a-1)}{a}$

t) $\dfrac{5 \cdot (x-1)^2}{8 \cdot (x-1)} = \dfrac{5 \cdot (x-1)}{8}$

u) $\dfrac{6x \cdot (3b-4c)}{5a \cdot (3b-4c)} = \dfrac{6x}{5a}$

Lösungen

19. Aufgabe:

a) $\dfrac{4}{11}$ b) $\dfrac{7}{15}$ c) $\dfrac{1}{3}$ d) $\dfrac{5}{16}$ e) $\dfrac{12}{35}$ f) $\dfrac{1}{20}$ g) $\dfrac{2}{33}$ h) $\dfrac{1}{4}$

20. Aufgabe:

a) $\dfrac{12bc}{5a}$ b) $\dfrac{2x^2}{5z}$ c) $\dfrac{10a^2 x}{3by}$ d) $\dfrac{7ax}{18bs}$

e) $\dfrac{15x}{4a}$ f) $\dfrac{2a^2 by}{5}$ g) $\dfrac{5ay}{3x}$ h) $\dfrac{5x}{2ab^2 y}$

21. Aufgabe:

a) $\dfrac{(a+b)\cdot 15a}{(a-b)\cdot(a+b)\cdot(a-b)} = \dfrac{15a}{(a-b)^2}$

b) $\dfrac{18xy\cdot(x+y)}{(x+y)\cdot(x-y)\cdot 12x} = \dfrac{3y}{2\cdot(x-y)}$

c) $\dfrac{a\cdot(4a-1)\cdot 35a^2 b}{15ab\cdot 7\cdot(4a-1)} = \dfrac{a^2}{3}$

d) $\dfrac{12\cdot(x+y)^2\cdot 3\cdot(5a+2b)}{(5a+2b)\cdot 3\cdot(x+y)} = 12\cdot(x+y)$

e) $\dfrac{(2-x)\cdot(2+x)\cdot(x+1)}{(x+1)\cdot(x-1)\cdot(2-x)} = \dfrac{2+x}{x-1}$

f) $\dfrac{(x+y)^2\cdot(x-y)^2}{(x-y)\cdot(x+y)} = (x+y)\cdot(x-y)$

g) $\dfrac{(2a-3b)\cdot(2a+3b)\cdot 6xy\cdot(3x-2y)}{(3x-2y)\cdot(3x+2y)\cdot 4\cdot(2a+3b)} = \dfrac{3xy\cdot(2a-3b)}{2\cdot(3x+2y)}$

h) $\dfrac{(a-5)\cdot a\cdot(a-4)}{3\cdot(a-4)\cdot 3\cdot(a-5)} = \dfrac{a}{9}$

i) $\dfrac{(a-b)^2\cdot(a+b)^2}{(a^2+b^2)\cdot(a+b)\cdot(a-b)} = \dfrac{a^2-b^2}{a^2+b^2}$

k) $\dfrac{(2x-3y)^2\cdot(2x+3y)^2}{(4x^2+9y^2)\cdot(2x-3y)\cdot(2x+3y)} = \dfrac{4x^2-9y^2}{4x^2+9y^2}$

l) $\dfrac{4xy\cdot(x+y)}{(x+y)^2} = \dfrac{4xy}{x+y}$

m) $\dfrac{12a\cdot(a+b)}{(a-b)\cdot(a+b)} = \dfrac{12a}{a-b}$

n) $\dfrac{4xy\cdot 3\cdot(3x+5y)}{(3x-5y)\cdot(3x+5y)} = \dfrac{12xy}{3x-5y}$

o) $\dfrac{(a+b)^2\cdot a\cdot(a-b)}{(a-b)^2\cdot b\cdot(b+a)} = \dfrac{a\cdot(a+b)}{b\cdot(a-b)}$

p) $\dfrac{(3x-5y)^2\cdot 3\cdot(5x+3y)}{(5x+3y)^2\cdot(3x+5y)\cdot(3x-5y)} = \dfrac{3\cdot(3x-5y)}{(5x+3y)\cdot(3x+5y)}$

q) $\dfrac{5a\cdot(x+2y)\cdot(x-2y)\cdot(3a+2)^2}{(3a-2)\cdot(3a+2)\cdot(x+2y)^2} = \dfrac{5a\cdot(x-2y)\cdot(3a+2)}{(3a-2)\cdot(x+2y)}$

r) $\dfrac{(4x-5y)^2\cdot 78ab^2}{39a^2 b\cdot 4\cdot(4x-5y)\cdot(4x+5y)} = \dfrac{b\cdot(4x-5y)}{2a\cdot(4x+5y)}$

s) $\dfrac{a\cdot(a+3)\cdot(a-3)\cdot ab\cdot(a+b)}{ab\cdot(a+b)\cdot(a-b)\cdot(a+3)^2} = \dfrac{a\cdot(a-3)}{(a-b)\cdot(a+3)}$

22. Aufgabe:

a) $\dfrac{4a^2 b\cdot 3x^2 y}{9xy^2\cdot 2ab^2} = \dfrac{2ax}{3by}$

b) $\dfrac{x\cdot(x-2)\cdot(x-3)^2}{x\cdot(x-3)\cdot(x+2)\cdot(x-2)} = \dfrac{x-3}{x+2}$

c) $\dfrac{(4a-3b)\cdot 5\cdot(a-3b)}{(a-3b)\cdot 9\cdot(4a-3b)} = \dfrac{5}{9}$

d) $\dfrac{(a+b)\cdot(a-b)\cdot(1+x)}{(1+x)\cdot(1-x)\cdot(a+b)} = \dfrac{a-b}{1-x}$

e) $\dfrac{(2a+3b)^2\cdot 2\cdot(x-2y)}{(x+2y)\cdot(x-2y)\cdot(2a+3b)(2a-3b)} = \dfrac{(2a+3b)\cdot 2}{(x+2y)\cdot(2a-3b)}$

f) $\dfrac{a \cdot (a-3) \cdot ab \cdot (a+b)}{ab \cdot (a+b) \cdot (a-b) \cdot (a-3)} = \dfrac{a}{a-b}$

g) $\dfrac{a \cdot (a+b) \cdot (a-b)^2}{(a-b) \cdot (a+b) \cdot (a-b)} = a$

h) $\dfrac{(5a+4b) \cdot (5a-4b)}{(3ab-5) \cdot (5a-4b)} = \dfrac{5a+4b}{3ab-5}$

i) $\dfrac{(x+y) \cdot (x-y) \cdot (a-b)}{a \cdot (a-b)^2 \cdot (x+y)} = \dfrac{x-y}{a \cdot (a-b)}$

k) $\dfrac{6 \cdot (x+1) \cdot (x-1) \cdot (3x-2)}{(x+1)} = 6 \cdot (x-1) \cdot (3x-2)$

23. Aufgabe:

a) $\dfrac{8x}{7y}$
b) $\dfrac{26a}{5b}$
c) $\dfrac{4x}{a^2-b^2}$
d) $\dfrac{3a+5b}{a+b}$

e) $\dfrac{3x+y}{2x+y}$
f) $\dfrac{13a-30b}{a-b}$
g) $\dfrac{38xz-10xy}{x-y^2}$
h) $\dfrac{6ab+49a}{a^2-b}$

24. Aufgabe:

a) $\dfrac{8a+b}{ab}$
b) $\dfrac{3x+6y}{11xy}$
c) $\dfrac{3x}{11xy}$
d) $\dfrac{2a+2b}{2a+3b}$

e) $\dfrac{5x+10y-10z}{x^2+y^2}$
f) 0
g) $\dfrac{4x+26y}{(x+2y)^2}$
h) $\dfrac{a^2-4b^2}{2a+b}$

25. Aufgabe:

a) $\dfrac{3x}{xy} = \dfrac{3}{y}$

b) $\dfrac{10a-5b}{2a-b} = \dfrac{5(2a-b)}{(2a-b)} = 5$

c) $\dfrac{3a+3b}{a^2-b^2} = \dfrac{3 \cdot (a+b)}{(a+b) \cdot (a-b)} = \dfrac{3}{a-b}$

d) $\dfrac{12x^2+12xy}{4x^2y} = \dfrac{12x(x+y)}{4x^2y} = \dfrac{3 \cdot (x+y)}{xy}$

e) $\dfrac{4a+8b}{a^2-4b^2} = \dfrac{4(a+2b)}{(a+2b) \cdot (a-2b)} = \dfrac{4}{a-2b}$

f) $\dfrac{12x+15y}{12x^2+15xy} = \dfrac{12x+15y}{x \cdot (12x+15y)} = \dfrac{1}{x}$

g) $\dfrac{12ab+24a^2}{36a^2b} = \dfrac{12a(b+2a)}{36a^2b} = \dfrac{b+2a}{3ab}$

h) $\dfrac{9x+12y}{9x^2-16y^2} = \dfrac{3 \cdot (3x+4y)}{(3x+4y) \cdot (3x-4y)} = \dfrac{3}{3x-4y}$

26. Aufgabe:

a) $\dfrac{47}{40}$
b) $\dfrac{31}{36}$
c) $\dfrac{59}{54}$
d) $\dfrac{29}{105}$
e) $\dfrac{5}{24}$

f) $\dfrac{35}{66}$
g) $\dfrac{1181}{420}$
h) $\dfrac{253}{120}$
i) $\dfrac{16}{15}$
k) 0

27. Aufgabe:

a) $\dfrac{5bx-3ay}{a \cdot b}$
b) $\dfrac{25a^2by+36ab^2x}{x \cdot y}$
c) $\dfrac{12x^2+13xy-3y^2}{x \cdot y}$

d) $\dfrac{3a^2-3b^2}{a \cdot b}$
e) $\dfrac{5x^3-x^2y^2-4y^3}{x \cdot y}$
f) $\dfrac{7ab^2+6bc-3ac^2}{b \cdot c}$

g) $\dfrac{32xy-13y^2+12x^2}{x \cdot y}$
h) $\dfrac{a^2c-7bc-3a^2b+15abc}{a \cdot b \cdot c}$

28. Aufgabe:

a) $\dfrac{20ay+21bx}{36x^2y^2}$
b) $\dfrac{30x^2-27y^2+154z^2}{126xyz}$

c) $\dfrac{105a^3+273a^2b-52ab^2-20b^3}{210a^3b^3}$
d) $\dfrac{20x^2y-8xz^2-9y^2z}{75xyz}$

Lösungen

e) $\dfrac{a+b-12axy+18bxy-2axy^2+2bxy^2}{24x^2y^2}$

f) $\dfrac{11a+55ab}{18b^2}$

g) $\dfrac{6a-6b+10ab^2-7a^2b-3a^3}{30a^2b^2}$

h) $\dfrac{20x-220y+123x^2y-84x^3}{120x^2y^2}$

i) $\dfrac{a-5b}{42ab}$

k) $\dfrac{150x+90+116xy^2-210xy-15y^3}{210x^2y^3}$

29. Aufgabe:

a) $\dfrac{2a^2+2}{a^2-1}$

b) $\dfrac{4a}{a^2-1}$

c) $\dfrac{4x^2-7x-1}{x^2-1}$

d) $\dfrac{a}{a^2-b^2}$

e) $\dfrac{x+1}{x^2-1} = \dfrac{1}{x-1}$

f) $\dfrac{9a}{12\cdot(a-2b)} = \dfrac{3a}{4\cdot(a-2b)}$

g) $\dfrac{71a-94b}{15\cdot(a+2b)}$

h) $\dfrac{15a+4b}{6\cdot(15a+4b)} = \dfrac{1}{6}$

i) $\dfrac{2b-3a}{b\cdot(a^2-b^2)}$

k) $\dfrac{a^2+b^2}{a\cdot(a+b)^2}$

l) $\dfrac{a^2+2ab-b^2}{a\cdot(a-b)^2}$

m) $\dfrac{-2x^2+2xy^2-2xz^2}{x\cdot(x+1)\cdot(x-1)} = \dfrac{2\cdot(-x+y^2-z^2)}{(x+1)\cdot(x-1)}$

n) $\dfrac{a^2x+abx+bx+ab+a^2b-a^3-a^3x+a^2x^2}{ax\cdot(a-x)}$

o) $\dfrac{y^2+2xy-x^2}{x\cdot(x+y)^2}$

p) $\dfrac{8a^2-24ab+18b^2}{(2a-3b)\cdot(2a+3b)} = \dfrac{2\cdot(2a-3b)^2}{(2a-3b)\cdot(2a+3b)} = \dfrac{2\cdot(2a-3b)}{2a+3b}$

q) $\dfrac{4x^3+2x^2y+2xy^2}{(x+y)^2\cdot(x-y)^2}$

r) $\dfrac{x^2+y^2}{x^2-y^2}$

s) $\dfrac{a^3-5a^2b+3ab^2-3b^3}{(a+b)\cdot(a-b)^2}$

Zwischentest

1. a) $\dfrac{5a\cdot 7ab}{9b\cdot 7ab} = \dfrac{35a^2b}{63ab^2}$

   b) $\dfrac{12a^2\cdot 5a^2b}{23b\cdot 5a^2b} = \dfrac{60a^4b}{115a^2b^2}$

   c) $\dfrac{(3x+7y)\cdot(2x-5y)}{(2x+5y)\cdot(2x-5y)} = \dfrac{6x^2-xy-35y^2}{4x^2-25y^2}$

   d) $\dfrac{(4a-b)\cdot 4}{(3a+2b)\cdot 4} = \dfrac{16a-4b}{12a+8b}$

   e) $\dfrac{(x-5y)\cdot 3xy}{(4x-3y)\cdot 3xy} = \dfrac{3x^2y-15xy^2}{12x^2y-9xy^2}$

2. a) $\dfrac{3b}{4a}$

   b) $\dfrac{12a\cdot(b-3a)}{8ab} = \dfrac{3\cdot(b-3a)}{2b}$

   c) $\dfrac{4x+3y}{(4x+3y)\cdot(4x-3y)} = \dfrac{1}{4x-3y}$

   d) $\dfrac{(5a+3b)^2}{8ab^2\cdot(5a+3b)} = \dfrac{5a+3b}{8ab^2}$

   e) $\dfrac{4x+1}{2\cdot(4x+1)\cdot(4x-1)} = \dfrac{1}{2\cdot(4x-1)}$

3. a) $\dfrac{6bx}{35ay^2}$

   b) $\dfrac{(x+y)\cdot 3x}{3x\cdot(2x-3y)\cdot(x+y)\cdot(x-y)} = \dfrac{1}{(2x-3y)\cdot(x-y)}$

   c) $\dfrac{(a+b)^2\cdot 25ab^3}{15a^2b\cdot(a+b)} = \dfrac{5b^2\cdot(a+b)}{3a}$

   d) $\dfrac{3\cdot(a+b)^2\cdot 2\cdot(2a+b)}{(2a+b)\cdot(2a-b)\cdot(a+b)} = \dfrac{6\cdot(a+b)}{2a-b}$

   e) $\dfrac{4\cdot(a-3)\cdot(5a+1)\cdot(5a-1)\cdot 7a}{7\cdot(5a+1)\cdot 3\cdot(a-3)\cdot 3\cdot(5a-1)} = \dfrac{4a}{9}$

4. a) $\dfrac{18ab \cdot (a+b)}{(a+b) \cdot (a-b) \cdot 12a} = \dfrac{3b}{2 \cdot (a-b)}$

b) $\dfrac{(x-y)^2 \cdot (x-2y) \cdot (x+2y)}{(x+2y) \cdot (x-y)} = (x-y) \cdot (x-2y)$

c) $\dfrac{(2a+3b) \cdot (2a-3b) \cdot (a-2b)}{3 \cdot (a-2b) \cdot (2a+3b)} = \dfrac{2a-3b}{3}$

d) $\dfrac{(a+3b)^2}{(a+b)^2 \cdot 4 \cdot (a-3b) \cdot (a+3b)} = \dfrac{a+3b}{(a+b)^2 \cdot 4 \cdot (a-3b)}$

e) $\dfrac{a \cdot (a-5b) \cdot (a+2b) \cdot (a-2b)}{(a+2b) \cdot (a-5b)} = a \cdot (a-2b)$

5. a) $\dfrac{245ay^2 + 390bx^2 - 714cxy^2}{1260x^3y^3}$ b) $\dfrac{21a^2 + 17ab + 5b^2}{(a+b) \cdot (a-b)}$

c) $\dfrac{162x + 43y}{60 \cdot (x+y)}$ d) $\dfrac{3a^2b^2 + 28ab^2 + 2ab^3 - 3b^3 - 10a^2 + 10a + 15ab - 15b}{5ab^2 \cdot (a+1) \cdot (a-1)}$

e) $\dfrac{9x^3 - 263x^2 - 136x + 1652}{100 \cdot (x+2)^2 \cdot (x-2)^2}$

2. Kapitel

1. Aufgabe:

a) $D = Q \setminus \{-1; 2\}$ b) $D = Q \setminus \{-1; 1\}$ c) $D = Q \setminus \{-5; -4; 0; 4\}$

d) $D = Q \setminus \{-\dfrac{5}{2}; -2; 2\}$ e) $D = Q \setminus \{-\dfrac{3}{4}; \dfrac{3}{4}; \dfrac{5}{8}\}$ f) $D = Q \setminus \{-1; 0; \dfrac{1}{5}\}$

2. Aufgabe:

a) $D = Q \setminus \{3; 1\}$ b) $D = Q \setminus \{4; 2\}$ c) $D = Q \setminus \{0; 3\}$
   $L = \{5\}$ $L = \{6\}$ $L = \{-\dfrac{5}{3}\}$

d) $D = Q \setminus \{4; -7\}$ e) $D = Q \setminus \{\dfrac{1}{9}\}$ f) $D = Q \setminus \{0; -\dfrac{5}{3}\}$
   $L = \{\dfrac{25}{9}\}$ $L = \{1\}$ $L = \{1\}$

g) $D = Q \setminus \{5; 6\}$ h) $D = Q \setminus \{5; 8\}$ i) $D = Q \setminus \{13; 7\}$
   $L = \{7\}$ $L = \{17\}$ $L = \{9\}$

k) $D = Q \setminus \{-3; -\dfrac{11}{3}\}$ l) $D = Q \setminus \{17; 9\}$ m) $D = Q \setminus \{\dfrac{17}{2}; \dfrac{31}{4}\}$
   $L = \{-2\}$ $L = \{19\}$ $L = \{8\}$

3. Aufgabe:

a) $D = Q \setminus \{7; 8; 9\}$ b) $D = Q \setminus \{-1; -3; -4\}$ c) $D = Q \setminus \{0; 1; 2\}$
   $L = \{10\}$ $L = \{-\dfrac{11}{5}\}$ $L = \{\dfrac{12}{11}\}$

d) $D = Q \setminus \{1; 2; \dfrac{7}{4}\}$ e) $D = Q \setminus \{5; 9; \dfrac{45}{7}\}$ f) $D = Q \setminus \{\dfrac{5}{2}; \dfrac{5}{3}; \dfrac{15}{2}\}$
   $L = \{3\}$ $L = \{7\}$ $L = \{\dfrac{17}{6}\}$

g) $D = Q \setminus \{8; 7; \dfrac{15}{2}\}$ h) $D = Q \setminus \{5; 1; 7; 3\}$
   $L = \{9\}$ $L = \{9\}$

4. Aufgabe:

a) $HN = (x+2) \cdot (x-2)$
$D = Q \setminus \{2; -2\}$
$L = \{3\}$

b) $HN = (3x+4) \cdot (3x-4)$
$D = Q \setminus \{\frac{4}{3}; -\frac{4}{3}\}$
$L = \{-1\}$

c) $HN = 3 \cdot (5x+3) \cdot (3x-2)$
$D = Q \setminus \{-\frac{3}{5}; \frac{2}{3}\}$
$L = \{-1\}$

d) $HN = 2 \cdot (2x+3) \cdot (2x-3)$
$D = Q \setminus \{-\frac{3}{2}; \frac{3}{2}\}$
$L = \{11\}$

e) $HN = 5 \cdot (x-7)$
$D = Q \setminus \{7\}$
$L = \{\}$

f) $HN = (x-2) \cdot (x+3)$
$D = Q \setminus \{2; -3\}$
$L = \{5\}$

g) $HN = 40 \cdot (x-2)$
$D = Q \setminus \{2\}$
$L = \{0\}$

h) $HN = 2 \cdot (2-3x) \cdot (1-2x)$
$D = Q \setminus \{\frac{2}{3}; \frac{1}{2}\}$
$L = \{1\}$

i) $HN = (4x-5) \cdot (4x+5)$
$D = Q \setminus \{-\frac{5}{4}; \frac{5}{4}\}$
$L = \{2\}$

k) $HN = (2x+7) \cdot (2x-7)$
$D = Q \setminus \{-\frac{7}{2}; \frac{7}{2}\}$
$L = \{4\}$

l) $HN = (x+2) \cdot (x-2)$
$D = Q \setminus \{-2; 2\}$
$L = \{\frac{1}{9}\}$

m) $HN = (x-2) \cdot (x+2)$
$D = Q \setminus \{-2; 2\}$
$L = \{4\}$

n) $HN = 6 \cdot (3x-4) \cdot (3x+4)$
$D = Q \setminus \{-\frac{4}{3}; \frac{4}{3}\}$
$L = \{2\}$

o) $HN = (x+6) \cdot (x-6)$
$D = Q \setminus \{-6; 6\}$
$L = \{\}$

p) $HN = 12 \cdot (x-5)$
$D = Q \setminus \{5\}$
$L = \{7\}$

q) $HN = 12 \cdot (x-4) \cdot (x+4)$
$D = Q \setminus \{-4; 4\}$
$L = \{\frac{122}{13}\}$

r) $HN = (2x+3) \cdot (2x-3)$
$D = Q \setminus \{-\frac{3}{2}; \frac{3}{2}\}$
$L = \{\}$

s) $HN = 15 \cdot (5x+2)$
$D = Q \setminus \{-\frac{2}{5}\}$
$L = \{\}$

t) $HN = 3 \cdot (3x+1) \cdot (x+3)$
$D = Q \setminus \{-3; -\frac{1}{3}\}$
$L = \{0\}$

u) $HN = 3 \cdot (2x+1) \cdot (2x-1)$
$D = Q \setminus \{-\frac{1}{2}; \frac{1}{2}\}$
$L = \{0\}$

v) $HN = (5x+4) \cdot (5x-4)$
$D = -Q \setminus \{-\frac{4}{5}; \frac{4}{5}\}$
$L = \{-\frac{1}{9}\}$

w) $HN = 10 \cdot (5-3x) \cdot (5+3x)$
$D = Q \setminus \{\frac{5}{3}; -\frac{5}{3}\}$
$L = \{5\}$

x) $HN = 12x \cdot (x-1)$
$D = Q \setminus \{0; 1\}$
$L = \{-32\}$

y) $HN = 30 \cdot (x-3)$
$D = Q \setminus \{3\}$
$L = \{9\}$

3. Kapitel

1. Aufgabe:

a) $D = Q \setminus \{-1\}$; $L = \{x \mid x < -3 \text{ oder } x > -1\}$
b) $D = Q \setminus \{-2\}$; $L = \{x \mid x < -2 \text{ oder } x > 5\}$
c) $D = Q \setminus \{6\}$; $L = \{x \mid x \leq -4 \text{ oder } x > 6\}$
d) $D = Q \setminus \{5\}$; $L = \{x \mid x < 2 \text{ oder } x > 5\}$
e) $D = Q \setminus \{-2\}$; $L = \{x \mid -2 < x < 3\}$
f) $D = Q \setminus \{5\}$; $L = \{x \mid 2 \leq x < 5\}$
g) $D = Q \setminus \{6\}$; $L = \{x \mid -4 \leq x < 6\}$
h) $D = Q \setminus \{5\}$; $L = \{x \mid x < 4 \text{ oder } x > 5\}$
i) $D = Q \setminus \{-\frac{1}{2}\}$; $L = \{x \mid x < -\frac{5}{2} \text{ oder } x > -\frac{1}{2}\}$
k) $D = Q \setminus \{-\frac{4}{3}\}$; $L = \{x \mid x < -\frac{4}{3} \text{ oder } x \geq \frac{8}{5}\}$
l) $D = Q \setminus \{\frac{5}{4}\}$; $L = \{x \mid x < -\frac{5}{12} \text{ oder } x > \frac{5}{4}\}$
m) $D = Q \setminus \{-3\}$; $L = \{x \mid x < -3 \text{ oder } x > 3\}$
n) $D = Q \setminus \{\frac{4}{5}\}$; $L = \{x \mid \frac{3}{4} \leq x < \frac{4}{5}\}$
o) $D = Q \setminus \{\frac{5}{2}\}$; $L = \{x \mid \frac{5}{4} < x < \frac{5}{2}\}$
p) $D = Q \setminus \{\frac{4}{5}\}$; $L = \{x \mid x < \frac{4}{5} \text{ oder } x > \frac{5}{4}\}$
q) $D = Q \setminus \{1\}$; $L = \{x \mid 1 < x < \frac{5}{3}\}$
r) $D = Q \setminus \{0\}$; $L = \{x \mid x \leq -\frac{3}{7} \text{ oder } x > 0\}$
s) $D = Q \setminus \{2\}$; $L = \{x \mid 0 < x < 2\}$
t) $D = Q \setminus \{0\}$; $L = \{x \mid 0 < x < \frac{4}{3}\}$
u) $D = Q \setminus \{\frac{1}{2}\}$; $L = \{x \mid 0 \leq x < \frac{1}{2}\}$

2. Aufgabe:

a) $D = Q \setminus \{-3\}$; $L = \{x \mid -4 < x < -3\}$
b) $D = Q \setminus \{-5\}$; $L = \{x \mid -5 < x < 2\}$
c) $D = Q \setminus \{4\}$; $L = \{x \mid -5 \leq x < 4\}$
d) $D = Q \setminus \{3\}$; $L = \{x \mid 3 < x < 4\}$
e) $D = Q \setminus \{1\}$; $L = \{x \mid x < 1 \text{ oder } x > 2\}$
f) $D = Q \setminus \{-5\}$; $L = \{x \mid x < -5 \text{ oder } x \geq 5\}$
g) $D = Q \setminus \{4\}$; $L = \{x \mid x < -8 \text{ oder } x > 4\}$
h) $D = Q \setminus \{1\}$; $L = \{x \mid 1 < x \leq 7\}$
i) $D = Q \setminus \{-5\}$; $L = \{x \mid -5 < x < 2\}$

Lösungen

k) $D = \mathbb{Q} \setminus \{0\}$; $L = \{x \mid 0 < x < \frac{3}{2}\}$

l) $D = \mathbb{Q} \setminus \{5\}$; $L = \{x \mid \frac{3}{2} \leq x < 5\}$

m) $D = \mathbb{Q} \setminus \{-\frac{8}{5}\}$; $L = \{x \mid x < -\frac{8}{5} \text{ oder } x > 2\}$

n) $D = \mathbb{Q} \setminus \{-7\}$; $L = \{x \mid -7 < x < 4\}$

o) $D = \mathbb{Q} \setminus \{1\}$; $L = \{x \mid 1 < x \leq \frac{7}{2}\}$

p) $D = \mathbb{Q} \setminus \{1\}$; $L = \{x \mid 1 < x \leq \frac{7}{2}\}$

q) $D = \mathbb{Q} \setminus \{-\frac{8}{5}\}$; $L = \{x \mid -\frac{8}{5} < x \leq 0\}$

r) $D = \mathbb{Q} \setminus \{\frac{3}{4}\}$; $L = \{x \mid x < -2 \text{ oder } x > \frac{3}{4}\}$

s) $D = \mathbb{Q} \setminus \{0\}$; $L = \{x \mid 0 < x \leq \frac{4}{5}\}$

t) $D = \mathbb{Q} \setminus \{2\}$; $L = \{x \mid x < \frac{2}{3} \text{ oder } x > 2\}$

u) $D = \mathbb{Q} \setminus \{\frac{3}{2}\}$; $L = \{x \mid x < \frac{2}{3} \text{ oder } x > \frac{3}{2}\}$

3. Aufgabe:

a) $D = \mathbb{Q} \setminus \{3\}$; $L = \{x \mid 0 < x < 3\}$

b) $D = \mathbb{Q} \setminus \{3\}$; $L = \{x \mid 2 \leq x < 3\}$

c) $D = \mathbb{Q} \setminus \{0\}$; $L = \{x \mid x < 0 \text{ oder } x > 1\}$

d) $D = \mathbb{Q} \setminus \{5\}$; $L = \{x \mid x \leq -\frac{5}{8} \text{ oder } x > 5\}$

e) $D = \mathbb{Q} \setminus \{\frac{1}{7}\}$; $L = \{x \mid \frac{1}{7} < x \leq 7\}$

f) $D = \mathbb{Q} \setminus \{-3\}$; $L = \{x \mid x < -3 \text{ oder } -\frac{1}{3} < x\}$

g) $D = \mathbb{Q} \setminus \{-5\}$; $L = \{x \mid x < -5 \text{ oder } x \geq 5\}$

h) $D = \mathbb{Q} \setminus \{-\frac{1}{5}\}$; $L = \{x \mid -\frac{1}{5} < x < \frac{1}{5}\}$

i) $D = \mathbb{Q} \setminus \{-\frac{2}{3}\}$; $L = \{x \mid -\frac{3}{2} \leq x < -\frac{2}{3}\}$

k) $D = \mathbb{Q} \setminus \{-\frac{2}{3}\}$; $L = \{x \mid x < -\frac{3}{2} \text{ oder } x > -\frac{2}{3}\}$

l) $D = \mathbb{Q} \setminus \{\frac{1}{2}\}$; $L = \{x \mid \frac{1}{2} < x < \frac{5}{3}\}$

m) $D = \mathbb{Q} \setminus \{\frac{1}{2}\}$; $L = \{x \mid \frac{1}{2} < x < \frac{5}{3}\}$

n) $D = \mathbb{Q} \setminus \{\frac{1}{2}\}$; $L = \{x \mid x < \frac{1}{2} \text{ oder } x > \frac{5}{3}\}$

o) $D = \mathbb{Q} \setminus \{\frac{1}{2}\}$; $L = \{x \mid x < \frac{1}{2} \text{ oder } x > \frac{5}{3}\}$

p) $D = \mathbb{Q} \setminus \{\frac{1}{2}\}$; $L = \{x \mid \frac{1}{2} < x < \frac{5}{3}\}$

q) $D = Q \setminus \{\frac{1}{2}\}$; $\quad L = \{x \mid \frac{1}{2} < x \leq \frac{5}{3}\}$

r) $D = Q \setminus \{4\}$; $\quad L = \{x \mid -\frac{7}{4} \leq x < 4\}$

s) $D = Q \setminus \{\frac{4}{3}\}$; $\quad L = \{x \mid x < \frac{3}{4} \text{ oder } x > \frac{4}{3}\}$

t) $D = Q \setminus \{-\frac{7}{3}\}$; $\quad L = \{x \mid x < -\frac{7}{3} \text{ oder } x > -\frac{5}{3}\}$

u) $D = Q \setminus \{\frac{12}{5}\}$; $\quad L = \{x \mid x \leq \frac{3}{8} \text{ oder } x > \frac{12}{5}\}$

4. Aufgabe:

a) $D = Q \setminus \{3\}$; $\quad \frac{2x+11}{x-3} < 0$; $\quad L = \{x \mid -\frac{11}{2} < x < 3\}$

b) $D = Q \setminus \{-\frac{1}{2}\}$; $\quad \frac{3x-7}{2x+1} > 0$; $\quad L = \{x \mid x < -\frac{1}{2} \text{ oder } x > \frac{7}{3}\}$

c) $D = Q \setminus \{-\frac{4}{3}\}$; $\quad \frac{-11x-15}{4+3x} > 0$; $\quad L = \{x \mid -\frac{15}{11} < x < -\frac{4}{3}\}$

d) $D = Q \setminus \{-\frac{3}{2}\}$; $\quad \frac{-13x-10}{2x+3} \leq 0$; $\quad L = \{x \mid x < -\frac{3}{2} \text{ oder } x \geq -\frac{10}{13}\}$

e) $D = Q \setminus \{2\}$; $\quad \frac{22-9x}{x-2} < 0$; $\quad L = \{x \mid x < 2 \text{ oder } x > \frac{22}{9}\}$

f) $D = Q \setminus \{\frac{7}{3}\}$; $\quad \frac{4x+4}{3x-7} \geq 0$; $\quad L = \{x \mid x \leq -1 \text{ oder } x > \frac{7}{3}\}$

g) $D = Q \setminus \{\frac{3}{2}\}$; $\quad \frac{10-5x}{2x-3} > 0$; $\quad L = \{x \mid \frac{3}{2} < x < 2\}$

h) $D = Q \setminus \{\frac{3}{2}\}$; $\quad \frac{10-5x}{2x-3} \leq 0$; $\quad L = \{x \mid x < \frac{3}{2} \text{ oder } x \geq 2\}$

i) $D = Q \setminus \{\frac{3}{2}\}$; $\quad \frac{14-11x}{2x-3} > 0$; $\quad L = \{x \mid \frac{14}{11} < x < \frac{3}{2}\}$

k) $D = Q \setminus \{\frac{3}{2}\}$; $\quad \frac{5x-10}{3-2x} > 0$; $\quad L = \{x \mid \frac{3}{2} < x < 2\}$

l) $D = Q \setminus \{\frac{5}{2}\}$; $\quad \frac{75-25x}{2x-5} \leq 0$; $\quad L = \{x \mid x < \frac{5}{2} \text{ oder } x \geq 3\}$

m) $D = Q \setminus \{0\}$; $\quad \frac{-27x-12}{5x} > 0$; $\quad L = \{x \mid -\frac{4}{9} < x < 0\}$

n) $D = Q \setminus \{\frac{5}{2}\}$; $\quad \frac{78-30x}{2x-5} > 0$; $\quad L = \{x \mid \frac{5}{2} < x < \frac{13}{5}\}$

o) $D = Q \setminus \{3\}$; $\quad \frac{3x-4}{3-x} < 0$; $\quad L = \{x \mid x < \frac{4}{3} \text{ oder } x > 3\}$

p) $D = Q \setminus \{\frac{3}{25}\}$; $\quad \frac{-49x-19}{25x-3} > 0$; $\quad L = \{x \mid -\frac{19}{49} < x < \frac{3}{25}\}$

q) $D = Q \setminus \{-\frac{2}{5}\}$; $\quad \frac{2x-5}{5x+2} \leq 0$; $\quad L = \{x \mid -\frac{2}{5} < x \leq \frac{5}{2}\}$

r) $D = Q \setminus \{-\frac{1}{18}\}$; $\quad \frac{-1}{18x+1} \geq 0$; $18x+1 < 0$; $\quad L = \{x \mid x < -\frac{1}{18}\}$

s) $D = Q \setminus \{0\}$; $\quad \frac{1}{18x} \geq 0$; $18x > 0$; $\quad L = \{x \mid x > 0\}$

t) $D = Q \setminus \{\frac{1}{3}\}$; $\quad \frac{30-66x}{9x-3} < 0$; $\quad L = \{x \mid x < \frac{1}{3} \text{ oder } x > \frac{5}{11}\}$

u) $D = Q \setminus \{-\frac{8}{5}\}$; $\quad \frac{-32x-59}{5x+8} < 0$; $\quad L = \{x \mid x < -\frac{59}{32} \text{ oder } x > -\frac{8}{5}\}$

Lösungen

5. Aufgabe:

a) $D = Q \setminus \{-2\}$; $HN = 12 \cdot (x+2)$; $\frac{4}{12x+24} < 0$; $12x + 24 < 0$; $L = \{x \mid x < -2\}$

b) $D = Q \setminus \{-4\}$; $HN = 8 \cdot (x+4)$; $\frac{13x-23}{8x+32} > 0$; $L = \{x \mid x < -4 \text{ oder } x > \frac{23}{13}\}$

c) $D = Q \setminus \{-3\}$; $HN = 5 \cdot (x+3)$; $\frac{-38x}{5x+15} \leq 0$; $L = \{x \mid x < -3 \text{ oder } x \geq 0\}$

d) $D = Q \setminus \{0\}$; $HN = 36x$; $\frac{-5}{36x} \geq 0$; $36x < 0$; $L = \{x \mid x < 0\}$

e) $D = Q \setminus \{\frac{5}{3}\}$; $HN = 15 \cdot (3x-5)$; $\frac{8x+48}{45x-75} > 0$; $L = \{x \mid x < -6 \text{ oder } x > \frac{5}{3}\}$

f) $D = Q \setminus \{\frac{2}{5}\}$; $HN = 15 \cdot (2-5x)$; $\frac{-16x}{30-75x} < 0$; $L = \{x \mid 0 < x < \frac{2}{5}\}$

g) $D = Q \setminus \{-\frac{2}{7}\}$; $HN = 12 \cdot (7x+2)$; $\frac{4x-15}{84x+24} < 0$; $L = \{x \mid -\frac{2}{7} < x < \frac{15}{4}\}$

h) $D = Q \setminus \{-\frac{6}{5}\}$; $HN = 21 \cdot (5x+6)$; $\frac{x+14}{105x+126} > 0$; $L = \{x \mid x < -14 \text{ oder } x > -\frac{6}{5}\}$

i) $D = Q \setminus \{\frac{3}{4}\}$; $HN = 21 \cdot (3-4x)$; $\frac{40x-3}{63-84x} > 0$; $L = \{x \mid \frac{3}{40} < x < \frac{3}{4}\}$

k) $D = Q \setminus \{1\}$; $HN = 15 \cdot (x-1)$; $\frac{8x+31}{15x-15} \leq 0$; $L = \{x \mid -\frac{31}{8} \leq x < 1\}$

l) $D = Q \setminus \{-3\}$; $HN = 40 \cdot (x+3)$; $\frac{23x+11}{40x+120} < 0$; $L = \{x \mid -3 < x < -\frac{11}{23}\}$

m) $D = Q \setminus \{-\frac{3}{2}\}$; $HN = 18 \cdot (2x+3)$; $\frac{-11x}{36x+54} \geq 0$; $L = \{x \mid -\frac{3}{2} < x \leq 0\}$

n) $D = Q \setminus \{\frac{3}{2}\}$; $HN = 18 \cdot (3-2x)$; $\frac{5x-6}{54-36x} > 0$; $L = \{x \mid \frac{6}{5} < x < \frac{3}{2}\}$

o) $D = Q \setminus \{-\frac{1}{2}\}$; $HN = 24 \cdot (2x+1)$; $\frac{-4x}{48x+24} < 0$; $L = \{x \mid x < -\frac{1}{2} \text{ oder } x > 0\}$

p) $D = Q \setminus \{\frac{5}{2}\}$; $HN = 12 \cdot (5-2x)$; $\frac{7x+62}{60-24x} < 0$; $L = \{x \mid x < -\frac{62}{7} \text{ oder } x > \frac{5}{2}\}$

q) $D = Q \setminus \{0\}$; $HN = 105x$; $\frac{15x-5}{105x} < 0$; $L = \{x \mid 0 < x < \frac{1}{3}\}$

r) $D = Q \setminus \{-\frac{5}{6}\}$; $HN = 40 \cdot (6x+5)$; $\frac{21x}{240x+200} \geq 0$; $L = \{x \mid x < -\frac{5}{6} \text{ oder } x \geq 0\}$

s) $D = Q \setminus \{\frac{3}{5}\}$; $HN = 10 \cdot (3-5x)$; $\frac{16x-124}{30-50x} < 0$; $L = \{x \mid x < \frac{3}{5} \text{ oder } x > \frac{31}{4}\}$

t) $D = Q \setminus \{-\frac{3}{2}\}$; $HN = 132 \cdot (2x+3)$; $\frac{-x}{264x+396} > 0$; $L = \{x \mid -\frac{3}{2} < x < 0\}$

u) $D = Q \setminus \{-\frac{1}{6}\}$; $HN = 40 \cdot (6x+1)$; $\frac{x-9}{240x+40} < 0$; $L = \{x \mid -\frac{1}{6} < x < 9\}$

Abschlußtest

1. a) $D = Q \setminus \{3; -\frac{1}{3}\}$; $HN = (x-3) \cdot (3x+1)$; $L = \{\}$

   b) $D = Q \setminus \{2; -2\}$; $HN = (2+x) \cdot (2-x)$; $L = \{-6\}$

   c) $D = Q \setminus \{3; -3\}$; $HN = 2 \cdot (x-3) \cdot (x+3)$; $L = \{1\}$

   d) $D = Q \setminus \{-\frac{3}{2}; \frac{3}{2}\}$; $HN = (2x+3) \cdot (2x-3)$; $L = \{\frac{1}{10}\}$

e) $D = \mathbb{Q}\setminus\{0; 1\}$; $\quad$ HN $= 12x(x-1)$; $\quad$ L $= \{-32\}$

f) $D = \mathbb{Q}\setminus\{-1; -\frac{1}{3}\}$; $\quad$ HN $= (3x+1)\cdot(x+1)$; $\quad$ L $= \{-3\}$

2. a) $D = \mathbb{Q}\setminus\{\frac{3}{2}\}$; $\quad$ L $= \{x \mid x < -\frac{3}{5} \text{ oder } x > \frac{3}{2}\}$

b) $D = \mathbb{Q}\setminus\{3\}$; $\quad$ L $= \{x \mid x \leq -\frac{1}{2} \text{ oder } x > 3\}$

c) $D = \mathbb{Q}\setminus\{5\}$; $\quad \frac{5x-11}{5-x} \geq 0$; $\quad$ L $= \{x \mid \frac{11}{5} \leq x < 5\}$

d) $D = \mathbb{Q}\setminus\{3\}$; $\quad \frac{15}{x-3} > 0$; $\quad$ L $= \{x \mid x > 3\}$

e) $D = \mathbb{Q}\setminus\{-2\}$; $\quad$ HN $= 15\cdot(x+2)$; $\quad \frac{-x+1}{15x+30} < 0$; $\quad$ L $= \{x \mid x < -2 \text{ oder } x > 1\}$

f) $D = \mathbb{Q}\setminus\{4\}$; $\quad$ HN $= 10\cdot(x-4)$; $\quad \frac{15x+47}{10x-40} \geq 0$; $\quad$ L $= \{x \mid x \leq -\frac{47}{15} \text{ oder } x > 4\}$